中央财经大学中央高校基本科研业务费专项资金资助
国家自然科学基金项目资助（项目号71102127、71502182、71702208）
中央财经大学商学院
百分点集团
联合出品

中国消费金融品牌口碑指数研究（2017）

金融大数据营销研究中心消费金融课题组 著

WORD – OF – MOUTH INDEX
RESEARCH OF
CHINA CONSUMER FINANCE BRAND (2017)

经济管理出版社
ECONOMY & MANAGEMENT PUBLISHING HOUSE

图书在版编目（CIP）数据

中国消费金融品牌口碑指数研究（2017）/金融大数据营销研究中心消费金融课题组著．—北京：经济管理出版社，2018.6
ISBN 978－7－5096－5703－4

Ⅰ.①中…　Ⅱ.①金…　Ⅲ.①消费贷款—品牌营销—研究报告—中国—2017　Ⅳ.①F832.479

中国版本图书馆 CIP 数据核字（2018）第 049502 号

组稿编辑：申桂萍
责任编辑：申桂萍
责任印制：黄章平
责任校对：王淑卿

出版发行：经济管理出版社
（北京市海淀区北蜂窝 8 号中雅大厦 A 座 11 层　100038）
网　　址：www.E－mp.com.cn
电　　话：（010）51915602
印　　刷：北京玺诚印务有限公司
经　　销：新华书店
开　　本：720mm×1000mm/16
印　　张：12
字　　数：175 千字
版　　次：2018 年 6 月第 1 版　　2018 年 6 月第 1 次印刷
书　　号：ISBN 978－7－5096－5703－4
定　　价：98.00 元

前 言

我国正处于经济结构调整的关键时期，消费金融的发展可以有力地拉动内需，拉动 GDP 稳健增长。而在消费金融行业高速发展的同时，也暴露出共债风险及行业整体不良率高等问题。近年来，国家越来越重视消费金融行业的稳定高质量发展，出台相关政策，限制现金贷业务，不鼓励无场景、无指定用途的消费需求。金融大数据营销研究中心敏锐地立足消费金融的发展浪头，对消费金融行业开展了多维度的深入分析，自 2016 年起，连续两年发布了消费金融品牌口碑指数，并将结合市场发展状况持续进行研究，更新成果。金融大数据营销研究中心由中央财经大学商学院与百分点集团共同成立，目的是将中央财经大学的金融背景和优势与百分点的数据技术结合起来，共同开展金融和大数据营销领域的学术研究和商业研究，推进大数据技术在金融行业的发展。

双方强强联手编制的中国消费金融品牌口碑指数从消费者视角出发，关注消费者对消费金融品牌的主观感知与态度，能准确地体现品牌在消费者群体中的地位和口碑，反映品牌价值的真正来源。研究中融合了多种数据源，大数据的全面客观与小数据对因果偏好的探究优势结合，能全面、准确地反映消费者态度。且区分消费者和场景因素，加入指标的交叉分析，剖析消费者特点和场景表现，具有鲜明的特色。本研究能客观真实地评价各品牌的发展情况，为消费者选择品牌提供可靠的依据，各消费金融平台也可以根据指数评价结果改进自身服务流程，提升消费者体验，不断增强平台竞争力。此外，研究结果能有效地反映行业现状，帮助政府倾听行业发展的真实声音，有助于其在行业整体偏离健康发展轨道的时候及时制定政策调整，更好地防范金融风险，促进行业长期持续稳定地发展。

完成《中国消费金融品牌口碑指数研究（2017）》的课题组成员包括：

李　季　金融大数据营销研究中心联合主任

中央财经大学商学院市场营销系副主任、副教授

杜晓梦　金融大数据营销研究中心联合主任

百分点集团首席数据科学家

孙鲁平　中央财经大学商学院市场营销系副教授

姚　凯　中央财经大学商学院市场营销系讲师

桂　玲　百分点集团数据科学事业部商务分析部负责人

许　静　百分点集团数据科学事业部商务分析部高级经理

此外，还包括中央财经大学商学院以及统计与数据学院的吴慧、杨荟、王镇、杨晓然、黄睿等同学。

内容提要

执行总结

《中国消费金融品牌口碑指数研究（2017）》在2016年研究的基础上进行了优化，主要内容包括消费金融行业调研、数据收集与指数编制、指数解读与消费者和场景洞察。

在消费金融行业调研的过程中，我们对行业市场环境、企业发展状况两部分分别进行了调研。前者包括国家相关政策、市场发展状况和行业热点三部分，内容详见本书第二章；后者重点关注2017年消费金融行业中企业新增与消退的现象、企业的表现状况及典型企业排名变化的原因，内容详见本书第五章。

在数据收集与指数编制过程中，我们首先通过查阅大量新闻资料、行业研究报告初步确定行业中的消费金融品牌。然后邀请高校学者和业内专家进一步筛选出重要品牌，最后对消费者进行品牌感知的预调研，根据使用人数的多少更新2017年消费金融品牌口碑指数的研究对象。接下来，我们收集了消费金融使用者的在线调研数据、消费金融品牌的网络舆情数据、百分点媒体浏览数据，对这三种来源的数据赋予不同权重，进行融合后得到最终研究数据。我们根据专家确定的指标权重系数，得到“中国消费金融品牌口碑指数”指标体系，结合科学的指数计算、合成方法对数据进行计算。

在指数解读与消费者和场景分析过程中，我们得到了30家主要消费金融品牌的口碑综合指数和口碑分项指数——品牌认知指数、品牌感知质量指数和品牌忠诚指数，并详细分析了各品牌的表现。同时，我们结合2016年的结果，开展了品牌排名变化的对比分析，也对新上榜及遗憾落榜的品牌进行了探讨。对调查问卷数据进行分析时，我们引入不同维度的交叉分析，深入洞察了消费人群、消费场景与各细化指标的内在关联。在消费人群方面，我们关注不同消费群体使用消费金融的基本情况、品牌偏好、对品牌各方面的满意度，以揭示不同消费群体的消费特点。在消费场景方面，我们分析了不同场景下消费金融产品的使用情况、口碑得分及场景细化指标表现，并进一步探究了不同消费场景的优势。

内容总结

指数解读

在中国消费金融品牌口碑指数解读一章中，本书给出了2017年30家主要消费金融品牌的口碑指数得分。综合指数表现上，蚂蚁花呗、京东白条维持领先优势，且与其他品牌差距明显。苏宁、国美、拍拍贷同样位列前五。结合各分项指数，持牌系消费金融如兴业消费金融、苏宁消费金融，品牌感知质量得分普遍落后，但忠诚指数排名较好，仍体现正规军优势。蚂蚁花呗、国美消费金融、万达消费金融等品牌的客群忠诚度较高，意味着除良好的感知质量外，持续稳定的消费场景也有助于消费者持续使用某品牌。新上榜品牌如58月付、桔子分期、人人分期，品牌感知质量及品牌忠诚表现突出，但消费者品牌认知水平较低，这类品牌可适当在推广与传播方面加强建设。

另外，本书对比《中国消费金融品牌口碑指数研究（2016）》，分析了品牌口碑指数的排名变化并解读了典型品牌排名变化的原因。其中，苏宁消费金融、中银消费金融两年的综合口碑指数表现稳定，排名都靠前。拍拍贷在 2017 年实现利润大涨，相较 2016 年其品牌认知度和忠诚度的排名也上升十分明显。由于为消费者提供了优质服务，国美消费金融的品牌感知质量、品牌忠诚有所提高，排名上升也较大。令人遗憾的是，也有少数品牌口碑综合指数得分不尽如人意，中邮消费金融公司相较 2016 年排名靠后，而 2016 年在榜的北银消费金融 2017 年也没能继续进入榜单。马上消费金融、佰仟表现继续下滑，2018 年存在落榜的风险。所以品牌建设应该关注到方方面面，重视消费者的口碑，以此实现长远的发展。

消费者洞察

在消费金融使用者洞察一章中，本书分析了不同群体使用消费金融的时间长短和次数差异、品牌认知渠道和品牌知晓情况的差异、使用消费金融品牌和目的的差异，深入分析消费者的偏好差异。在认知渠道方面，不同群体的渠道来源差异较大，学生群体对于消费金融品牌的认知主要来自亲戚、朋友、同事、同学介绍，企业普通职员和教师则主要来自购物平台捆绑，白领和企业中层管理人员更倾向于从垂直媒体、搜索引擎处获得信息。同时，消费者的消费金融品牌选择存在明显的区域差异。一线城市的消费者更倾向于使用京东白条、招联消费金融、中邮消费金融、平安普惠消费金融、拍拍贷等；而农村地区的消费者，尤其是 25 岁以下的大学生群体，则更多地使用趣分期、分期乐、佰仟等品牌，这些品牌的渠道下沉较好。

本书通过审批服务、贷款利率等品牌感知质量细分指标与人口统计变量，以及品牌满意度、重复使用意愿等品牌忠诚细分指标与人口统计变量的交叉分析，得出不同群体对品牌各环节感知质量的差异和品牌忠诚度的差异。同时通过回归分析进一步考察了影响其品牌感知的主要因素。贷款易得性在各不同职业人群间的感知质量差距不大且偏低，对各品牌来说属于亟待改善的环节；投诉受理情况整体波动最大，且在投诉受理各分项中，消费者对投诉渠道数量的感知最差。综合来看，提高品牌运行安全性、改善投诉处理程度、丰富期限选择、提高审批速度与授信比例能有效提高消费者对品牌感知质量的评价，各品牌应加强对这些指标的关注。

采用聚类的方法，本书还分析了使用消费金融的五类典型人群，并对各类人群的利率选择和收入特征做了描述。其中，满意度较高客群和高收入高消费客群多为一线城市30岁以上人群，以企业员工和公务员为主，对消费金融的认识和使用经验均较好，且普遍会关注贷款利率，有意识地选择低利率产品，对自己选择的消费金融品牌满意度也较高，属于各品牌应该关注的价值人群。年轻女性客群属于潜力上升中的客群，需做好客户培养。各品牌可以针对这一客群改善经营策略，培养优质客群。

场景洞察

在消费金融使用场景洞察中，我们对研究涉及的八个消费金融场景进行了更深入的分析，探讨了不同消费场景的使用情况，对比各场景下不同品牌的口碑指数，其中数码3C场景、家电场景是消费者使用最多的场景。而在这两个场景中京东白条、蚂蚁花呗是消费者选择最多的消费金融品牌。男性使用最多的消费金融使用场景是数码3C，而女性群体在各场景下使用消费金融的人数分布较为均衡。18~24岁的年轻群体，使用数码3C、旅游、医疗/医美、教育/培训等消费场景的人数占比都多于其他年龄段，反映其为了提升个人的生活品质、满足个人需求而借助于消费金融服务、敢于消费的特征。随着年龄增长，消费结构趋于稳定，家电场景逐渐成为消费金融主要场景。各品牌在场景布局时应结合年龄因素，针对不同年龄段人群，个性化地设计、营销产品。

在八个场景中，购物类场景如家电、数码3C场景的口碑指数排名较高，这得益于购物类场景发展得相对成熟，使得消费者在消费金融场景中获得的服务体验较好，满意度较高，消费者对品牌也更加忠诚，另外购物类场景也具有高授信比例、低利率、便捷的认证流程、完善的投诉处理流程等优势。相对而言，医疗/医美、农业等场景起步晚，发展还相对不完善，出现了利率分布极端、认证流程烦琐、平台安全性差、服务人员质量满意度低等问题，应引起品牌的重视。教育/培训场景虽不及购物类场景发展迅猛，但也极具潜力，口碑指数排名前列，其在贷款易得性、产品利率、服务人员质量、平台安全环节的满意度得分都很高。

在品牌质量感知的四个环节（流程、产品、服务、平台安全）中，所有场景平台安全的平均满意度得分最低，产品的平均满意度得分最高。具体地，各场景服务环节下的投诉受理情况的平均满意度得分最低，产品环节利率水平的平均满意度得分最高。总体来说，每个场景在不同环节的满意度得分均有不同程度波动。在八个场景中，数码3C场景在四个环节的满意度得分波动较小，该场景更注重使用者完整的消费体验，在每个环节的建设都相对完善；而旅游场景的满意度得分波动性较大，其中，贷款审批速度和投诉受理情况的满意度较低。消费金融品牌应当加强场景感知质量低满意度环节的建设，对处于满意度波谷的环节，提高贷款审批速度，丰富产品期限选择，提高产品授信比例，改善投诉受理服务，保证使用者完整的消费体验。

在进行场景战略布局时，消费金融品牌需结合不同场景的特征寻找突破点，以更好地建设和打造品牌形象，对于数码3C、家电、装修/家居等相对较成熟、热门的场景，在保证优质的服务之外，需要找到自身区别于其他品牌的竞争优势，加大创新力度；对于农业、医疗/医美等新兴的场景，品牌应专注于消费金融产品的完善、服务流程的优化、平台安全维护等基础建设。

观点总结

1. 监管

监管部门应加强监控，对肆意授信的企业严惩不贷，同时加大网络舆情监控力度，时刻关注企业的动态。监管部门应担当征信共享的监管者，帮助企业搭建数据共享平台，完善个人征信体系，提高风控效率，解决多头借贷带来的坏账风险。同时，对“现金贷”问题更要严加监管，拒绝无消费场景依托的任何消费行为。对暴力催收、高利贷、信息乱用等市场乱象进行管制，保障消费者权益。最后，采取措施规范消费金融企业对消费者信息和隐私的保护，使该行业得以健康发展。

2. 企业

不同消费金融企业应找准自身定位，关注消费者需求，创新优势与改善短板相结合，以期在品牌认知、品牌感知质量、品牌忠诚各方面协调发展，获得良好的口碑。对于稳扎稳打的企业，在维持品牌优势的同时应该时刻关注行业热点，把握市场变化，从自身的角度出发，找到品牌建设中的薄弱环节，逐个解决，弥补短板，以提高品牌的核心竞争力；对于新上榜品牌而言，其在品牌感知质量方面的建设值得鼓励，不仅令消费者满意，也为品牌赢得了不少忠实的客群，品牌在加强基础建设的同时应关注品牌的知名度，增加宣传和推广的力度，改善认知低的现状，为品牌争取更多优质的顾客；对于排名靠后的品牌，应着力解决消费者对于品牌整体感知质量的满意度不高、投诉情况频繁等问题。

3. 消费者

丰富的消费金融品牌和消费场景为消费者提供了多种选择，消费者越来越倾向于能满足其个性需求的产品，同时品牌的审批速度、系统安全性和综合口碑也是其重要的考虑因素。消费金融使用者按其使用体验聚合而成的五类客群有着各自的特点，如投诉热衷人群信息泄露比例高、授信比例低、逾期率高、产品满意度低。在各品牌根据用户逾期和忠诚度等情况为其提供更优质服务的同时，消费者自身也需要规范产品使用，更多地了解产品利率、贷款期限等，结合自身收入和使用需求，选择合适的消费金融产品，有助于营造良性的消费环境。

目 录

第一章　消费金融理论

一、消费金融相关概念和术语

所谓消费金融，广义上可以理解为与消费相关的所有金融活动。明确界定消费金融的内容和范畴仍是一个未完成的任务。

根据学术界的研究，广义的“消费金融”实际上可理解为消费者对各类金融产品的购买及使用。国外关于消费金融的研究起步较早，这和西方国家信用体系相对健全、数据资源尤其是微观数据较为丰富，以及西方人的消费观念有较大关系。国际学术界对于该领域的研究可能涉及以下相关概念：Consumer Finance（消费者金融）、Personal Finance（个人理财）、Household Finance（家庭金融）、Consumer Credit（消费信贷）。

相比较而言，国内该领域的研究起步较晚，与国家扩大内需战略相一致，消费金融领域近几年得到了广泛关注。国内关于消费金融的含义说法较多，而业界通常采用较狭义的概念界定“消费金融”，即以消费为目的的信用贷款。我们认为，在国内市场，“消费金融”这一概念可等同于学术研究中“消费信贷”

（Consumer Credit）的概念，即与消费尤其是短期的简单消费直接相关的融资活动（王江等，2010），也即资金提供方为消费者提供的以生活消费为目的的贷款产品或金融服务。

二、本书消费金融的研究范畴

虽然目前学术界并未对消费金融的概念给予一个清晰的界定。但在本书中，我们采用业界的定义，将消费金融定义为“资金提供方为消费者提供以生活消费为目的的贷款产品或金融服务”，且业务范畴不包括房贷、车贷以及现金贷。

消费金融品牌则指提供上述消费金融产品或服务的品牌，目前学术界与消费金融市场内通常采用的品牌分类方式有以下两种：

第一种即按照出资方性质分类，将消费金融品牌划分为银行系（如中银消费金融、招联消费金融）、产业系（如苏宁消费金融、捷信消费金融）、电商系（如蚂蚁花呗、京东白条）、P2P 系（如拍拍贷、趣分期）等。

第二种即按照消费场景分类，包括数码 3C 类（如有用分期）、教育/培训类（如 51 帮学）、校园类（如分期乐）、医疗/医美类（如美分期）、装修/家居类（如土巴兔）、租房类（如 58 月付）等。

其中，银行系平台和部分产业系平台是拥有消费金融牌照的消费金融公司，银监会在 2013 年发布的《消费金融公司试点管理办法》中将其定义为：“经银监会批准，不吸收公众存款，以小额、分散为原则，为中国境内居民个人提供以消费为目的贷款的非银行金融机构。”因此，这部分消费金融公司我们称之为“持牌品牌”，其他消费金融品牌我们称之为“非持牌品牌”，以作区分。

三、消费者信贷对消费行为的影响

总体而言，有关消费信贷与消费行为之间关系的研究可分为宏观和微观两类。

从宏观角度看，消费信贷对消费的影响主要是缓解流动性约束，刺激即期消费，以及降低资源配置效率，抑制长期消费（陈岩和史建平，2013）。Pereira（2008）研究了一个经济体中企业信贷约束和消费者信贷约束同时存在的情况下信贷约束的解除对经济发展的影响，并指出，企业信贷约束的解除有利于经济增长，而消费信贷约束的解除并不能起到同样的作用，这是因为消费信贷的增长将资金从有效率的生产部门转移到了效率较低的消费部门。国内有学者通过对消费信贷、信用约束、债务负担等经验性文献的考察，发现消费信贷增长通常被看做对未来经济有负面挤出作用，会导致未来消费的减少（易宪容等，2004）。对此观点，有学者进一步指出这种负面作用实际上是在消费信贷水平较高时才存在，即较低的消费信贷水平对经济个体当期消费的抑制虽然降低了其消费效用水平，但可以提高稳态的经济增长水平，而较高的信贷消费水平虽然可以增加当期消费，但却会导致其总体消费效用和稳态经济增长水平双双降低（郝项超，2010）。巩师恩和范从来（2012）发现 1988～2009 年间信贷供给与消费波动呈现负相关关系，并且分析了信贷供给情形下收入不平等对于消费波动的影响机制，提出应向低收入阶层提供更多的金融服务。李燕桥和臧旭恒（2013）在流动性约束与预防性储蓄的消费模型框架下，总结了消费信贷影响我国城镇居民行为的三个渠道，并利用 2004～2009 年的省际面板数据进行检验，结果表明，出于缓解当期流动性约束的目的，消费信贷能够促进当期消费，但消费主体大多是耐用消费品，并没有缓解居民的储蓄压力，医疗、教育与房产等大额的未来刚性支出是导致消费信贷拉动消费效果较弱的主要原因。

在微观方面，学者们主要利用调研数据对于消费信贷与消费行为之间的关系进行研究。在国外的研究中，有学者关注到产品类型的差异性，发现贷款行为对美国家庭耐用和非耐用消费品的不同影响，即家庭贷款行为使耐用品消费增加，非耐用品基本保持不变（Coulibaly 等，2006）。还有学者对日本家庭的实证研究结果表明，消费信贷对消费行为并非正向的促进作用，负债行为会抑制家庭消费（Ogawa 和 Wan，2007）。在国内的研究中，剧锦文和柳肖雪（2017）发现，中国消费者在教育、家装等方面表现出更强的借贷意愿，但在购买家电、非汽车类交通工具等方面并没有体现出显著的意愿，中国的消费信贷仍有很大的发展空间。徐新扩和尹志超（2017）利用清华大学金融研究中心开展的 2011 年全国城镇家庭消费金融调查数据研究发现，相较于房贷，短期消费贷款对家庭消费的促进作用更加明显，房贷仅对家用设备类、家居类和交通类消费有正向影响，而短期消费贷款对家庭各类消费均具有不同程度的正向影响。李广子和王健（2017）针对某商业银行信用卡中心曾进行的一次信用额度调整，获取数据进行分析，结果表明：信用额度调增对消费起到促进作用，显著提高信用卡使用频率和交易金额；信用额度调增会促进消费者调整消费结构，减少日常性消费，增加经营性消费和耐用品消费。其中，消费者的性别、婚姻状况、受教育程度和收入状况等人口统计学因素会对消费信贷作用的发挥产生影响。

另外，还有一些学者从消费心理的角度对消费信贷的作用进行了研究。Cheema 和 Soman（2006）的研究发现，消费者会通过心理账户来实现在消费方面的自控，一旦心理账户出现任何程度上的结构模糊性，消费者就可能转而屈从于诱惑，例如把可使用的信贷看做额外之财而去购买诱惑性的产品。另外，一些研究指出自控往往通过冲动性购买等变量间接影响信用使用和信用负债，即那些低自控的消费者在有信用卡的情况下更可能发生冲动性购买（Baumeister，2002；Strayhorn，2002）。Wilcox 等（2011）通过五个实验室实验和田野调查发现，相较于自控力较弱的消费者，当自控力较强的消费者经历了信贷逾期之后，会产生更强烈的负面情绪，然后反而会更多地增加消费，包括在拍卖中给出更高的竞价、更可能购买高价的商品、更多地使用信用卡等。同时，消费者自控力与负面情绪体验之间的关系会受到可用的信贷额度的调节，当可用的信贷额度越低时，这种负面情绪会越强烈，消费者会继续增加消费；而当可用额度比较高时，消费者的自控力会恢复，相应也会减少消费。

四、消费者使用决策的影响因素

消费者对消费信贷产品的使用决策，包括贷款倾向（是否会使用信贷产品）、贷款金额、贷款期限等方面。

梳理国内外已有文献，我们认为目前研究中涉及的消费者信贷使用决策的影响因素也主要可分为以下两大类型：产品方面、营销沟通、金融教育等购买情境因素；消费者层面的人口统计学特征、知识与能力、人格特质、态度倾向等因素。

（一）购买情境因素

目前，购买情境因素的相关研究多集中在产品相关因素，主要包括利率水平（Alan 和 Loranth，2013；Shui 和 Ausubel，2005；Ponce 等，2017）、信贷额度（Soman 和 Cheema，2002；Wilcox 等，2011）、贷款总成本（Ranyard 等，2006）、贷款期限（Hirst 等，1994）、信贷产品使用的便利性（Brito 和 Hartley，1995；Charkravorti 和 Emmons，2003）等维度。此外，还有一些研究涉及促进型/预防型的营销沟通类型（Petersen 等，2015）、国家文化维度倾向（Petersen 等，2015）、消费者曾接受过的金融教育（Bolton 等，2011；Brown 等，2016）、社会互动影响（Georgarakos 等，2014）等因素对消费者信贷使用的影响。

其中，Petersen 等（2015）利用阿联酋一家金融服务公司的消费者数据库中来自 34 个国家的客户数据，综合 RFT（Regulatory Focus Theory）理论及Hofstede 提出的文化差异理论，通过实证分析发现，在消费者信贷使用决策方面，不确定规避倾向更低的消费者信贷使用会更多，促进导向的营销沟通（即推销负债类、消费类产品）会增加消费者对信贷的使用，且当消费者来自不确定规避倾向更低的国家时，促进导向的营销沟通对消费者信贷使用的增加影响更显著。

关于金融教育对消费者信贷使用的影响，传统观念认为金融知识教育会促进消费者较为理性的消费信贷行为（Bernheim 等，2001），但现实数据似乎显示，金融教育努力的影响甚微。因此，越来越多的学者开始从不同类型的金融教育的影响力出发进行研究。其中，Bolton 等（2011）指出真正有效的消费者金融教育需要同时包括“聚焦贷款的教育”（主要有关贷款的运作机制）和“聚焦贷者的教育”（主要有关贷款提供方的动机）两方面，而非传统单一的有关金融数字计算方面的教育；Brown 等（2016）则通过实证研究发现，数学和金融知识教育能够显著降低 19 ~29 岁美国青年对贷款的依赖，改善他们的偿还行为和财务账户平衡状况，而经济学教育反而增加了美国年轻人贷款逾期以及出现偿还困难的可能。

此外，Georgarakos 等（2014）在探究社会互动对家庭信贷的影响时指出，感知的同辈收入越高，越容易增大家庭负债和财务困难的可能性。

（二）消费者层面的影响因素

消费者收入水平（Stango 和 Zinman，2015；臧恒旭和李燕桥，2012）、受教育程度（Zhu 和 Meeks，1994；Chien 和 Devaney，2001）、性别（Lea 等，1995；Davis 和 Lea，2004）、年龄（王丽丽，2010）、国别（Bertola 等，2006）等人口统计学特征对消费者信贷的影响常见于二手统计数据的实证研究中，但相应的结论目前也存在较多的不一致性。消费者知识与能力方面的研究主要涉及消费者的专业知识和经验（Soman 和 Cheema，2002；Lusardi 和 Tufano，2009）、认知能力

（Elliehausen，2010）等因素，整体而言相关研究并不是特别多。

结合王丽丽（2010）的研究，我们认为已有研究中涉及的一些偏心理层面的影响因素，基本上都与风险态度、债务态度以及金钱态度三类态度倾向有关，因此我们将相关研究中涉及的影响因素也分为这三类进行阐述。

1. 风险态度的影响

已有研究考察了消费者自我构念、社会网络规模感知、在线社群成员关系感知、认知闭合需要、象征效应等因素的影响。实际上，以上因素主要是会影响消费者对风险的感知，即风险态度，进而影响消费者的信贷行为决策。具体而言，Mandel（2003）的研究发现，相对于独立型自我概念，当依赖型自我概念（对家人和朋友的意识程度更高）被启动时，消费者会更倾向于在金融决策上更冒险而在社交决策上更保守，而且其社会网络的规模大小会在这个过程中起调节作用，即感知的社会网络规模越大，主效应越显著。Zhu 等（2012）通过一系列实验室实验和田野调查，得出当消费者感受到与其他社群成员具有强连接关系时，在线社群的参与会增加消费者在金融决策中的风险寻求行为倾向，因为此种情况下消费者会感到当出现困难时可以从其他社群成员处获得帮助。Disatnik 和 Steinhart（2015）发现，当与投资决策有关的不确定性发生变化时，较高的认知闭合需要会阻碍消费者及时调整他们的投资决策、始终保持决策与风险偏好的一致性。有关“象征效应”的研究则指出，对于不确定性和风险性较高的产品，当面对一个更符合规范的选择和一个更具有诱惑性的选择时，如果仅仅是同时增加一个小小的数量（Mere Token），更具有风险性的那个选项被选择的概率就会增加（Urminsky 和 Kivetz，2011）。

2. 债务态度的影响

一些研究指出，当消费者对借钱消费的行为持有比较积极的看法时，会更倾向于使用信贷消费（Lea 等，1995；Chien 和 Devaney，2001）。其中，Chien 和 Devaney（2001）通过分析美国 SCF 调查的数据指出，对信贷的态度会影响人们对信贷的使用：对借贷的一般性态度（即认为使用信贷是有利的）越积极，使用分期贷款越多；而对借贷的特定性态度（即使用信贷进行五类特定的消费支出的意愿）越积极，未还清的贷款额越高，一般性态度则无此影响。20 世纪 80 年代开始，伴随着信用卡的普及，学术界也出现了将债务态度的影响聚焦为更具体的信用卡态度的影响的研究趋势，但相应结论并不是很一致。其中，Yang 和 Lester（2005）通过实证研究指出，那些在信用卡的情感态度维度得分高的消费者更可能拥有更多的信用卡。有学者认为对信用卡的态度应该综合考虑情感、认知以及行为方面（Xiao，1995），依据这一想法，王丽丽（2010）利用结构方程模型进行了相应的实证检验，结果发现：消费者在信用卡的行为态度维度及情感态度维度得分越高，其使用循环信用的频率越高，相反地，在信用卡的认知态度维度得分越高，使用循环信用的频率越低；消费者在信用卡的行为态度维度及认知态度维度得分与其小额分期付款行为的频率关系分别为正相关、负相关，而情感态度维度则无显著影响。实际上，已有文献对于信贷的态度和行为之间的因果关系研究不是很清晰，还有待进一步验证。

3. 金钱态度的影响

Yamauchi 和 Templer（1982）的研究将金钱态度划分为四个维度——“权利威望”、“维持保留”、“不信任”及“焦虑”。其中，“权利威望”维度得分高的个体往往将金钱作为影响他人或者给他人留下影响的工具，认为金钱是成功的象征；“维持保留”维度表现较突出的消费者倾向谨慎地使用金钱并提早对未来做财务规划，因此这类消费者更倾向于传统的“先储蓄后消费”类型；在“不信任”维度上得分高的消费者，对涉及金钱的问题往往会表现得比较犹豫、怀疑，且常怀疑自己没有能力做出正确有效的购买决策，具有较高的价格敏感性；“焦虑”维度得分高的消费者，常会担心自己没有钱，并会用金钱作为保护自己避免焦虑的一种方式。与此相对应，Hayhoe 等（1999）对大学生信用卡持有行为的研究就发现，未持有信用卡的学生在金钱态度的“保持”维度上得分较高。王丽丽（2010）通过实证研究则得出，在金钱态度方面，仅有维持保留维度与消费者小额分期付款行为表现出显著的正相关性；而对于消费者的循环信用使用行为，“权利威望”维度得分越高，循环信用使用频率越高；“维持保留”维度得分越高，循环信用使用频率越低。

同时，已有研究中还涉及心理账户、时间偏好的不一致性两个有关金钱态度的影响因素。其中，心理账户即指人们心中会对不同用途的支出设定一定的账户（可能会有支出限额）。Ranyard（2006）指出，在期限、利率均不同的分期计划中选择时，相比于年均利率（Annual Percentage Rate，APR），消费者甚至会关注分期付款的总费用，因为消费者倾向于直接为一个信贷分期项目建立一个总的心理账户，以减轻记忆负担和认知努力、重点关注该贷款对其造成的总“压力”。还有研究提到，消费者会通过心理账户来实现在消费方面的自控，而一旦心理账户出现任何程度上的结构模糊性，消费者就可能转而屈从于诱惑，例如把可使用的信贷看做额外之财而使用（Cheema 和 Soman，2006）。Shui 和 Ausubel（2005）利用一个大规模的市场实验（Market Experiment），发现了在消费信贷市场中存在的时间偏好的不一致性：相比于导入期利率（Introductory Interest Rate）更高、持续期（Duration）更长的信用卡，消费信贷用户更偏向于选择导入期利率较低、持续期更短的信用卡，虽然前一种方案会让他们实际受益更多（平均利率更低）。经过一系列模型检验，该研究指出对于这种偏好排序逆转之谜，双曲线型的时间偏好模型具有较强的解释力，不同于一般的指数型时间贴现函数，该模型认为消费者的时间偏好具有不一致性，即消费者的短期内偏好远大于长期偏好，仅仅一点延迟就会导致评估价值的迅速下降，而在更长的延迟期中价值下降会变得缓慢。

此外，还有一些研究考察了消费者的自控力、自尊、延迟享乐、内外控等人格特质因素对消费者信贷使用的影响。其中，不少学者认为消费者信用卡滥用以及信用负债在一定程度上是由于消费者自控能力太低导致的。然而对于具体的影响机制存在两种不同的解释：一方面，部分学者认为自控会直接影响信用使用行为和信用负债（Medina 等，1998；Sidime，2004）；另一方面，一些研究指出自控往往是通过冲动性购买等变量间接影响信用使用和信用负债的，即那些低自控的消费者在有信用卡的情况下更可能发生冲动性购买（Baumeister，2002；Strayhorn，2002）。

Norvilitis 等（2006）研究表明延迟享乐与负债呈负相关关系；一些研究指出，负债较多或者有信用负债的消费者，往往表现出更低的内控性和更高的外控性（Livingstone 和 Lunt，1992；Davies 和 Lea，2004），即他们感知的自我价值较低，且认为生活更多是由他们自身以外的力量控制的；而王丽丽（2010）通过实证研究得出，内控性、延迟享乐、自尊、自控这四种人格特质均会负向影响消费者循环信用的使用频率，且影响程度依次上升，对于消费者小额分期付款的使用频率，此四类人格特质则不具有显著的解释力。

五、消费者信贷偿还决策的影响因素

消费者对消费信贷产品的偿还决策包括还款方式是否会逾期、是否会违约等方面。

目前已有研究中涉及的消费者贷后偿还决策影响因素主要包括：分期最小偿还额要求、可用的信贷额度、多笔贷款各自对应的贷款额及利率、感知成本及收益、还款方式等购买情境因素；户主的年龄、雇佣状态、婚姻状况、资产状况、抚养亲属人数等人口经济学特征；心理账户、有限注意、自控力、内外控、自我效能感、金钱态度、债务态度（例如债务厌恶心理）、还款意愿等心理层面及人格特质因素。此外，还有研究考察了信贷用户父母对信贷的使用习惯及态度的影响。相关的具体典型研究如下：

Jackson 和 Kaserman（1980）最早提出了借款者违约决策选择的两大假设模型：权益最大化模型（Equity Maximization Model）和偿还能力模型（Ability to Pay Model）。其中，权益最大化模型认为，消费者会理性地比较成本及收益，进而决定是否继续偿还抵押贷款；偿还能力模型则认为，借款者选择违约主要是所得流量出现赤字、不具备还款能力的结果。通过实证检验，该研究比较支持权益最大化模型，而对偿还能力模型的支持程度较弱。

Canner 等（1991）利用美国 SCF 调查 1980 年的数据，利用逻辑回归发现：借款人年龄越大、有越多流动资产，则越趋向于正常偿还贷款；抚养亲属越少，逾期概率越小，Morton（1975）的研究也有类似结论；而单身、黑人、失业或有政府补助的借款者，较可能发生逾期行为。

Tokunaga（1993）对比研究经历过信贷问题（主要是出现过信贷逾期或者是债务收入比超过 100%）的消费者及作为控制组的信贷使用正常的消费者，结果发现：信贷使用出现过问题的消费者往往表现出更低的内控性及更高的外控性，自我效能感较低，对其克服困难、规避风险的能力的信心不足，也因此呈现出更低的风险寻求及感官寻求（即个体需要变化的、新鲜的、复杂的感官体验，并且为了获得这些体验自愿去尝试身体的、社会的冒险）倾向；相比于能够合理使用信贷的用户，信贷问题用户的父母并非是信贷滥用者（从而为用户起到不良示范作用），而是较少使用信贷、对信贷的看法比较消极，从而导致他们的子女无法对信贷形成相对客观、合理的态度和使用行为；在金钱态度方面，信贷问题用户往往会将金钱看做权利和威望的来源，然而尽管对金钱问题比较焦虑，这部分用户也很少花费努力来关注储蓄问题。

Zhu 和 Meeks（1994）认为，低收入家庭使用信贷的能力和意愿会同时影响其未偿还的信贷余额水平，他们利用美国 SCF 调查 1983 年及 1986 年的数据进行实证检验得出：户主年龄越大，相应地对家庭支出的控制力越强，从其他途径获取紧急经济援助的可能性也越大，从而家庭未偿还的信贷余额水平越低；户主的雇佣状态对家庭未偿还的信贷余额具有显著影响，相比于户主没有工作的家庭，户主为全职工作的家庭未偿还的信贷余额更高，这一点与信贷提供者会根据户主的雇佣状态授予不同家庭以不同的信贷使用机会、户主为全职工作的家庭使用信贷的能力相对更高有关；假设的低收入家庭使用信贷的意愿（即对信贷使用的态度变量）与这些家庭未偿还的信贷余额水平之间的直接影响关系则未得到验证。

Stewart（2009）对英国消费者的调研发现，由于锚定效应的存在，相比于没有具体给定的最小偿付金额，当最小偿付金额具体给出时，消费者各期偿还的金额会变少，相应的还款时间变长。在 Stewart（2009）研究的基础上，Navarro - Martinez 等（2011）以英美两国的消费者作为研究对象，得出：最小偿还额信息会负向影响消费者的偿还决策（即各期偿还金额），提高最小偿还额水平可以减弱这种负向影响但不能完全消除，这个过程会受到消费者自身按照最小偿还额还款的意愿的调节。

平新乔和杨慕云（2009）对消费信贷违约影响因素的实证研究发现，还款方式不同，信贷用户违约的概率不同。其中，等本金还款方式发生违约（逾期）的概率大于等额还款方式。对此，研究者用道德风险模型给出了相应的解释：对于同样一笔贷款，等本金还款与等额还款方式的主要区别在于前者的还款压力在前期，而后者的现金流压力是前后一致的。等本金还款相当于快速回收贷款，更多地会被提供给低质量的客户（道德风险模型认为低质量的客户道德风险倾向比较强），而等额还款方式则相反，会更多地提供给高质量的客户。此外，从实际出发，研究数据所涉及的贷款也多处于还贷前期，选择等本金还款的借贷者比选择等额还款的借贷者面临更大的还款压力。

基于目标违背理论，Wilcox 等（2011）发现相比于自控力较弱的消费者，当自控力较强的消费者经历了信贷逾期之后，会产生更强烈的负面情绪，然后反而会更多地使用信用卡消费，而非及时偿还贷款。同时，消费者自控力与负面情绪体验之间的关系会受到可用的信贷额度的调节，当可用的信贷额度越低时，这种负面情绪会越强烈，消费者会继续增加信贷消费；而当可用额度比较高时，消费者的自控力会恢复，会减少信贷消费。

理论上，面对多笔贷款债务，消费者应该先解决利率最高的贷款，但 Amar 等（2011）的研究发现：人们实际上具有“债务账户厌恶”的心理，往往会更倾向于先偿还最小额的贷款以减少逾期贷款总额，从而达到自己正处在偿还贷款的过程中的感觉，也因此，该研究提出了“债务合并账户”（Debt Consolidation Account）的建议，以避免人们因债务账户厌恶心理而做出非理性的还款决策。该研究还发现，如果限制参与者完全偿还小额贷款的能力，并且促使他们关注所有债务的利率问题，可以帮助被试更快地偿还所有债务。

类似地，Ponce 等（2017）通过对墨西哥信用卡市场的研究发现，平均而言墨西哥持有多张信用卡的用户在每月的最低偿还额之上，错误分配了 50% 的偿还额给低利率的信用卡贷款。对于这种消费者贷后偿还的次优决策，该研究通过一系列的模型拟合以及经验性分析指出，有限注意和心理账户两大机制具有一定的解释力：由于合约利率并不是非常显著，信用卡用户在购买支付或者偿还贷款时往往很少关注这一信息（即有限注意），相反很多人会依靠心理账户分配对不同信用卡的使用，所以会出现在偿还贷款时的信用卡错配行为。

六、消费金融中的大数据应用

总体而言，大数据在消费金融中的应用包括两方面：一是贷前的客户识别，以实现精准获取优质客户，并防范欺诈风险；二是贷后的客户管理，实时监测用户的还款意愿及还款能力，防范信用风险，避免形成不良资产。对于消费金融行业来说，发展大数据技术的核心即在于利用大数据进行风险管理，包括获取客户时的风险评价、提供产品及服务时的风险定价以及贷后的风险控制。

然而，目前在消费金融的战场中，依托银行的消费金融公司仍多使用以央行征信数据为主的金融数据建模，通过学历、年龄、收入、职业、资产、负债、消费水平等 10～20 个强变量，对用户进行信用评级，依据评估结果进行客户审核以及分级的贷款审批。这种非大数据的客户管理方式，虽然简单直接，却有着明显的两大弊端：一是无法对全国约 75% 的“征信白板”用户进行信用评估；二是一旦这些强变量中任何一个变量缺失，都会导致模型失效。

相比之下，拥有互联网背景的消费金融公司在采取大数据的技术手段方面则表现得更为突出。此类消费金融公司正尝试在静态的征信数据基础上，追加互联网行为动态特征的非金融数据建模，综合运用用户的贷款、消费、社交、娱乐等非常多维的强弱变量，形成对信贷用户的精准画像。例如，国内第一家将电商购物和消费分期相结合的乐信集团，就自主研发出“鹰眼引擎”作为风险管理的核心手段，该系统通过实时的人脸识别、机器指纹验证以及行为数据评估形成对新用户的审核，决定是否生成订单；运用聚类分析、逻辑回归、随机森林、梯度决策树、神经网络等大数据分析方法及机器学习手段，不断挖掘基于自有购物场景及第三方提供的用户行为数据、外部征信数据、社交网络数据、反欺诈的黑名单信息等多渠道的数据，对用户进行区隔分类、评价分析；通过数据沉淀，构成包含用户还款意愿及能力、负面信息等多维度的用户信用成长系统，进而提供相匹配的服务或产品。

虽然一些行业领先的消费金融公司已纷纷开始运用大数据技术进行信用风险管理，然而整体来看，国内为数众多的消费金融平台往往无法获得正规有效的金融信息服务的渠道，缺乏有效的信贷信息共享机制，这些消费金融为了更好地了解消费者，进行风险管理，只能自己寻找各种相关消费者数据源，整合大数据对消费者进行风险画像和评估，结果可能导致风控成本高而效果差。目前，消费金融行业不良率水平已出现升高。可以说，对于国内消费金融行业的发展来说，大数据风控既是机遇，也充满挑战。

第二章　研究背景与研究意义

一、消费金融行业环境洞察

（一）国家相关政策

国家统计局指出，我国当前处在经济结构调整的关键期，投资和出口增速回落，而消费对我国 GDP 增长贡献率已超过 50%，成为推动经济发展的第一驱动力。消费金融的发展可以有力地拉动内需、促进 GDP 稳健增长，必将成为推动我国经济转型的催化剂。

2009 年，中国银监会正式发布《消费金融公司试点管理办法》，在北京、天津、上海、成都各设立一家消费金融公司进行试点。2013 年，国务院强调要助推消费升级，创新金融服务，并提出鼓励民间资本设立消费金融公司，试点城市扩大到 16 个。随着不断的探索与尝试，李克强总理在 2015 年 6 月 10 日主持的国务院常务会议上指出，为了发展消费金融，重点服务中低收入人群，国家将开放市场准入，把试点扩大至全国，审批权也下放到省级部门，至此，消费金融迎来全面发展时机。2016 年 3 月 5 日，《2016 年政府工作报告》再次提及消费金融——“在全国开展消费金融公司试点，鼓励金融机构创新消费信贷产品”，为消费金融的发展带来新的机遇。

2017 年 10 月 18 日，中共十九大报告指出，我国发展正处在转变发展方式、优化经济结构、转换增长动力的攻关期，建设现代化经济体系是跨越关口的迫切要求和我国发展的战略目标。在此背景下，随着消费需求的不断升级，消费场景不断变化，消费以及与之密切相关的消费金融坚持健康稳定且高质量地发展应是未来的趋势。

2017 年 12 月 1 日，互联网金融风险专项整治工作领导小组办公室和 P2P 网贷风险专项整治工作领导小组办公室联合下发了《关于规范整顿“现金贷”业务的通知》（以下简称《通知》），指出现金贷存在过度借贷、重复授信、不当催收、畸高利率、侵犯个人隐私等问题，需将现金贷业务纳入互联网金融专项整治范畴，统筹开展规范整顿工作。另外，《通知》对网络小额贷款进行了限制：停止批设小贷公司、规范业务类型等；同时，规范银行业金融机构参与现金贷的行为、完善 P2P 现金贷业务等。《通知》为金融市场树立了明确的标准和指导，为现有的从业者给出了清晰的方向。未来，金融监管将会更加严格，金融服务“脱虚向实”，依托实体经济，无场景、无指定用途的金融需求将不被鼓励。

（二）市场发展概况

1. 中国消费金融正处于高速发展阶段

（1）参与主体逐渐增多。当下消费金融业内，迎来各类市场主体参与，消费金融模式日益多元化，银行系、消费金融公司、电商平台和网络借贷平台等格局初具雏形。

商业银行借助专营机构与特色网点、网上银行、移动服务、信用卡等多渠道的服务手段，加大对新消费信贷领域的支持。互联网电商平台、细分领域垂直场景方积极将消费金融产品嵌入消费场景，并不断积累征信数据。互联网金融平台，如 P2P 网贷、小贷公司等也积极介入消费金融领域，提供类消费金融贷款。

消费金融借助互联网渠道和模式，服务人群不断扩大，包括农民工等流动人口以及大学生等中低端无卡群体因此获得金融服务。

我国消费金融类专业分期公司已达到200家；2017年4月底，涉及消费金融的正常运营平台数量达300个。众多机构与平台涉足消费金融业务，便捷了广大居民的消费。

（2）交易规模不断扩大。过去10年，中国消费金融实现了从无到有、从小到大的跨越式发展。随着我国人民消费能力的提升、消费观念的转变，信用消费、超前消费的消费模式正逐渐被消费者接受。智能设备、出境游及购物、文化消费等新的消费热点逐步涌现，跨境电商、O2O等新的消费方式进一步促进网络消费的发展。从基本消费到升级消费、从非理性消费到理性消费、从被动消费到主动消费、从标准化消费到定制化消费、从个人消费到家庭服务消费、从固定场景消费到移动场景消费，这些消费升级和消费理念转变，都是推动消费金融大爆发的助力器。

消费信贷系统的相关数据显示，近年中国消费信贷呈上升趋势，占比不断提高。2017年1～8月，我国居民新增消费性短期贷款达1.28万亿元，累计同比多增7833亿元，达到2016年全年的1.54倍。与此同时，在大数据与场景驱动之下，消费金融的市场容量扩张速度加快，据业内人士预计，到2019年国内消费金融市场规模将达到3.4万亿元。

（3）持牌机构稳健发展。截至2017年12月，获得银监会批复的消费金融公司共22家已开业，其中2017年新设立4家，分别为长银五八消费金融（1月13日）、哈银消费金融（1月22日）、河北幸福消费金融（6月13日）、上海尚诚消费金融（8月15日）。

已开业的获批公司中，有19家为银行系持牌公司，提出申请的银行以中小银行为主，并且绝大部分的金融消费公司注册资金为3亿～5亿元，只有5家消费金融公司的注册资金达到10亿元及以上。目前已有4个直辖市、15个省份开设了消费金融公司，除上海、广州外，城市分布基本上秉持着“一省（市、区）

一家”的原则（见表2－1）。

表2－1 已开业的持牌消费金融公司列表

北银消费金融	兴业消费金融	中邮消费金融	长银消费金融	河北幸福消费金融
锦程消费金融	海尔消费金融	杭银消费金融	包银消费金融	上海尚诚消费金融
中银消费金融	苏宁消费金融	华融消费金融	中原消费金融	
捷信消费金融	湖北消费金融	盛银消费金融	长银五八消费金融	
招联消费金融	马上消费金融	晋商消费金融	哈银消费金融	

（4）移动端成为重要战地，场景消费金融提升空间大。《2017 消费金融洞察报告》指出，截至2017 年3 月，中国移动消费金融用户规模达到2.23 亿，同比增长近一倍。消费金融在移动用户中快速渗透，其渗透率由 2016 第一季度的8.8%迅速增长为2017 年第一季度的15.9%，移动端现已成为消费金融的重要阵地。移动消费金融应用可以分为传统消费金融和互联网消费金融两大类，其中，传统消费金融主要指银行信用卡；互联网消费金融根据其是否与特定消费场景相结合，可分为无场景和场景化消费金融。目前，银行信用卡应用行业渗透率较高，现金贷应用使用率较高；而面向特定消费场景的各类分期应用行业渗透率和应用使用率都相对较低，仍处于用户培育阶段，未来有较多可提升的空间。

2. 消费金融公司发展状况优劣不一，行业仍现诸多问题

根据多家消费金融公司相继发布的财务报表，部分消费金融公司已在 2016 年末或2017 年初实现扭亏为盈。整体分析目前已经公开的财报数据，持牌机构的盈利状况更具优势。

但由于中国消费金融风控建设尚处于起步阶段，国家相关政策制度有待完善，个人征信体系建设暂不完备，所以消费金融规模的扩张、服务人群的下沉加剧了消费金融平台面临的坏账风险。消费金融行业急速猛冲之时，由于大多平台的风控缺失、技术不精、行业理解浅薄，一度出现大规模的潮退：多家平台纷纷倒闭或退场，许多小平台更是刚上线一段时间就悄然离场。

（三）行业重点关注问题

1. 共债风险高

2017年，消费金融市场发展迅猛，近500家P2P企业、1万家小贷公司、200家电商公司等多种类型的市场主体纷纷进入消费金融市场；消费信贷市场体量将达到40万亿元，每年的复合增长率将超过20%。在这激烈的竞争背景下，消费金融行业过度授信、多头共债的问题凸显：同一个客户，面临着越来越多、越来越容易的贷款渠道，个人信贷直线上涨。调查显示，目前现金贷共债者比例超过60%，这些共债者至少在两家现金贷平台上有借贷记录，平均借贷次数在6次左右。而常贷款客户信贷逾期风险是普通客户的3～4倍，其资金链和抗风险能力非常脆弱，如果监管不到位，将会出现大量过度负债人群，不良贷款率增加，进而危害到整个金融市场的稳定性。

2. 行业洗牌大势所趋

消费金融行业激烈竞争导致许多企业推出“低利率”的获客模式，客户不良率和流失率不断升高；很多消费金融公司缺乏覆盖客户不同阶段需求的综合服务能力，导致客户黏性难以提高。自有渠道和通过合作的获客方式成本居高不下，资金成本大幅上扬，再加上产品价格缺乏竞争力、产品形态单一，使得利润空间进一步缩小。

据统计，2017年上半年，消费金融行业整体不良率约为4%，远高于银行的不良率水平。随着国家加大对各种非持牌机构和不规范经营行为的整治，重流量、轻风控的经营模式将难以存续，行业性的重组、并购等或将掀起一场洗牌风暴。

3. 智能科技助力消费金融良性发展

各大消费金融公司纷纷运用智能科技加强风险控制，苏宁消费金融公司运用大数据技术、人工智能、云计算等先进技术自建了智能化的“任性云控”系统，其中运用人脸识别、声纹识别等技术保证了对客户身份识别的高准确率，通过机器学习架构“反欺诈”模型，使得公司拥有上千条“反欺诈”规则、500万级的黑名单库和2000万级的灰名单库；招联消费金融与联通大数据中心合作推出了“沃信用分”，其基于消费者在电信运营商、电商、社交媒体、物流领域等的多元化信息，进行多维度的分类交叉处理，从而实现对用户的精准画像，解决了征信缺失问题；杭银消费金融也正努力提高O2O数据导流模式成效，以数据驱动实施综合消费贷的精准营销，持续稳健推进数字微贷业务发展。

4. 场景化成为主旋律

现金贷模式从本质上不考虑场景选择，这是其风险高、风控难的根本原因。消费金融本质是将金融产品与各种场景进行融合，从而解决消费者消费需求和购买能力之间的矛盾。

场景对于消费金融而言，一是引流：将消费者的购买行为与场景结合，有利于金融机构进行针对性、指向性的精准获客；同时，布局不同领域的场景对于数据的收集、产品体验有积极影响。二是控制风险：消费金融公司一方面通过监测和明确消费者的购买流程和贷款用途，避免逆向选择造成的套现、欺诈风险；另一方面跟踪用户在分期之后的还款行为，评定用户可支付能力、信用情况等，完善征信数据库，降低逾期风险并提高风险识别能力。未来，消费金融场景将会进行更进一步的细分，并且大多数公司将会涉及更多的消费场景。

2017年12月21日，互联网金融风险专项整治工作领导小组办公室下发特急文件《关于立即暂停批设网络小额贷款公司的通知》，意味着主管部门正加大整顿现金贷市场的力度。此次暂停批设网络小额贷款公司，原因系部分机构开展的“现金贷”业务存在较大风险。事实上，现金贷预期年化利率过高、野蛮催收、滥用个人信息等行业乱象屡禁不绝，严重背离了发展消费金融的初衷，由此也引发了严重的坏账风险、风控风险和监管风险。而与现金贷的乱象形成鲜明对比的是，受到银监局严格监管的持牌消费金融公司发展大多在合规经营、防控金融风险的前提下，依托自身平台渠道大力拓展消费金融业务，创新金融服务，不断拓展金融服务场景边际。对违规乱象采取“零容忍”态度加强治理，同时鼓励合规金融机构依托产业实体，开展消费金融服务创新，丰富消费金融场景，势必成为今后行业的“新常态”。

二、金融领域的相关指数

对金融领域中指数进行归纳整理，大致可分为互联网金融指数、银行业指数、保险业指数、证券业指数以及国外相关指数。部分金融领域指数如表 2－2 所示。

表 2－2 部分金融领域指数整理表

指数名称	发布机构	指数介绍
互联网金融指数		
中国金融互联网化指数	企鹅智酷、尼尔森、论坛官方杂志《博鳌观察》三方联合	从投资、融资、支付三大金融模块，可得、易得、得益三个维度，评估金融互联网化发展对金融消费者的影响力
北京大学互联网金融发展指数	北京大学互联网金融研究中心	按照互联网金融业务的属性，将互联网金融业务划分为六大板块，即互联网支付、互联网货币基金、互联网信贷、互联网保险、互联网投资理财和互联网征信。根据各业务的广度指标和深度指标，合成单项业务的发展指数，汇总成反映互联网金融整体发展的总指数
深圳互联网金融前海指数	《前海特报》与深圳第一网贷联合	将运用大数据技术，对于深圳互联网金融企业的发展状况予以动态跟踪和分析，为行政决策、社会监督和行业发展提供数据参考
COIN 互联网金融创新指数	跨界创新平台、艾瑞咨询集团、零壹财经	4 个一级指标（直接融资、间接融资、支持服务、产业环境）、10 个二级指标和 28 个三级指标，对互联网金融创新情况进行衡量

续表

指数名称	发布机构	指数介绍
深圳·中国 P2P 网贷指数	中国互联网金融指数［第一网贷（深圳钱诚）编制］	我国第一个反映全国 P2P 网贷全貌的指标体系，包括网贷利率指数、网贷期限指数、网贷人气指数、网贷发展指数和网贷诚信指数，即分别体现借贷利率、借贷期限、借贷总人次、借贷总交易额和逾期或违约率等信息
P2P 网贷平台发展指数	网贷之家	表征某一家 P2P 网络借贷平台综合情况的指标，代表平台综合影响力，不表征平台安全性
P2P 网贷平台风险指数	对外经济贸易大学	表征某一家 P2P 网络借贷平台的风险情况
希财 P2P 风险指数	希财网	表征某一家 P2P 网贷平台风险情况及其应对风险能力的指数，是一个相对于其他平台的指标
网络理财投资者信心指数	司马钱互联网金融研究中心联合金融之家、理财之家、星火钱包等数十家互联网金融媒体、平台	反映出当下互联网金融投资者信心情况，了解互联网金融投资者人群类型、风险抵抗能力等关键信息，分析当前投资环境，为互联网金融建言献策
银行业指数		
中国信用消费指数	广东发展银行	综合了宏观经济、居民收入、物价、安全性等多维度指标，能够有效描述我国信用消费意愿和状况，为评估我国信用消费每个阶段的意愿及能力状况提供依据
中国银行卡消费信心指数	中国银联联合新华社	以城市居民的银行卡消费交易信息为基础，通过记录、分析城市居民消费结构的变化特征（主要是非生活必需品在消费总支出中的占比的变化情况）来反映消费者对宏观经济的信心水平

对于互联网金融指数，现有衡量互联网金融整体发展、企业发展、创新情况、投融资情况、P2P网贷平台风险情况、对消费者影响以及消费者投资信心的指数，如中国金融互联网化指数、COIN互联网金融创新指数等；对于银行业指数，现有衡量银行总体经营情况、盈利情况、贷款审批情况的指数，以及衡量企业、行业贷款需求、银行卡消费信心的指数；对于保险业指数，现有衡量中国保险业发展情况、景气情况、养老储备情况等的指数；对于证券业指数，现有反映股票市场、股票走势，追踪股票进行量化投资等指数。

区别于已发布的各指数，中国消费金融品牌口碑指数是目前首个基于消费者视角，记录消费者对现有消费金融品牌的感知价值、综合评价中国消费金融品牌的现状的指数。

三、消费金融品牌口碑指数的研究意义

中央财经大学与百分点集团共同编制的“中国消费金融品牌口碑指数”，基于消费者视角，记录消费者对现有消费金融品牌的感知价值，综合评价中国消费金融品牌的真实价值，结合行业现状及热点深入分析指数得分，探寻中国消费金融行业发展规律，为消费金融品牌发展提供参考性建议。

本指数具有以下四点重要意义：

第一，对消费者而言，相比于市场规模、市场份额等数据，消费者对于消费金融品牌能够提供给他们的价值更为关注，也更愿意相信其他消费者做出的评价，准确衡量这些感知价值对消费者来说至关重要。而且，市场份额可能会因促销手段等发生扭曲，但消费者的口碑却是长期稳定的。因此，基于大量市场调研数据、消费者浏览行为数据、舆情分析数据，从消费者端得出的结论更具有实践意义。

第二，对消费金融平台而言，在这个“消费者为王”的时代，如何提升消费者体验、增加消费者满意度是各企业亟待解决的问题。本指数体系涵盖消费金融业务全流程，对消费者常用的消费金融品牌做出全方位评价，各消费金融平台可以根据指数评价结果改进自身服务流程，提升消费者体验，不断增强平台竞争力。

第三，对行业而言，由于消费金融行业还是一个方兴未艾的行业，在其快速发展的过程中，还有许多漏洞亟待解决。作为行业内首个站在消费者口碑角度研究消费金融的指数，本研究旨在通过综合评价各品牌发展情况，反映行业现状，从而促进行业自律，提高行业整体水平，推动行业蓬勃发展。

第四，对政策制定者而言，通过收集并量化消费者对现有消费金融平台的口碑，可帮助政府倾听消费者及行业发展的真实声音，有助于其在行业整体偏离健康发展轨道的时候及时制定政策并进行相应调整，更好地防范金融风险，促进行业长期持续稳定地发展。

四、消费金融品牌口碑指数的特色

（一）基于消费者视角进行评价

不同于传统指数从市场份额、销售额等客观指标出发的构建方式，本指数从消费者视角出发，关注消费者对消费金融品牌的主观感知与态度。一方面，市场份额等客观指标可能会因促销手段等发生扭曲，无法真实反映品牌的实际口碑及其价值。另一方面，消费者对品牌的主观感知对其消费选择和行为有重要影响，消费者的主观态度能够更准确体现品牌在消费者群体中的地位和口碑。

因此，相比于客观指标，从消费者视角出发，实际感知消费者对于目前各消费金融品牌口碑的评价而得出的结论更加具有实践意义，更贴近消费金融以“消费者”为中心的本质。

（二）大小数据融合

大数据相对于小数据的优势在于海量而全面的数据覆盖，但如果需要了解消费者的态度或行为与态度之间的因果关系，目前仍然需要基于小样本数据的市场研究进行补充。在市场调研中，定性研究以心理学为基础，更适合探究消费者深层的心理原因与偏好，而大数据分析则崇尚一切从数据出发，缺少对“原因”的研究，所以，我们认为将大小数据相融合才是编制消费金融品牌口碑指数的最适方法。

本次研究将融合多种数据源，旨在更全面、准确地反映消费者态度，从而观察各消费金融品牌的口碑情况。数据来源既包括针对消费金融产品使用者一方的问卷调研数据，也包括通过大数据技术获取的网络舆情数据以及百分点媒体浏览数据。

本指标体系根据指标的特性和数据的可获得性，为各个指标选择了合适的数据来源。例如在品牌知晓方面，一方面通过消费者调研获取特定品牌的品牌普及度，另一方面使用百分点媒体浏览、网络舆情数据两者的共同声量来确定该品牌在网络上的普及性。在品牌满意度方面，通过将网络上抓取的消费者对于不同消费金融品牌的评价，与问卷收集的对该品牌的满意度打分相融合，共同构成品牌满意度指标，以求从主客观两个角度判断消费者对不同品牌的满意程度。

（三）反映品牌价值的真正来源

对于品牌价值的研究，长久以来都是从企业角度出发，把品牌价值简单地等同于企业无形资产以及由此带来的销售收入、市场占有率的增加。而这种从企业财务数据推算出品牌价值的评估方式，无法给企业提供足够的有用信息，也没有说明品牌价值的真正来源，更为严重的是这些评估方法脱离了顾客基础，忽视了品牌发挥作用的中间过程，从中看不出顾客对品牌价值的贡献。

本研究中的消费金融品牌口碑指数通过广泛的文献研究和多次专家访谈，构建了基于顾客视角的品牌价值评估体系。这些指标反映了品牌价值的真实来源，对企业实践和行业发展都具有积极的意义。

五、研究团队

本研究中的消费金融品牌口碑指数由中央财经大学商学院的顶尖学者与百分点集团的顶级数据分析师强强联手，共同编制和发布。

2015 年起，中央财经大学商学院为适应“互联网 +”及大数据发展趋势，满足国家经济建设和社会发展对金融、市场、大数据的跨界复合型、应用创新型人才的需求，积极探索金融与大数据营销方向，并在该领域不断研究、不断创新。

2016 年 6 月 21 日，中央财经大学商学院、MBA 教育中心与百分点集团共同成立中财—百分点金融与大数据营销研究中心。中央财经大学建校 60 多年，一直秉承团结、求实、创新的校训，致力于为国家的经济社会发展培养财经高端人才；而百分点集团历经 8 年的发展，拥有海量的数据、扎实的技术、丰富的大数据应用，是一家开放的、学习型的、具有分享精神的企业。目前，百分点集团积累了 5.5 亿全网用户画像、5000 万日活 UV，在金融行业拥有一整套的大数据解决方案，包括底层的大数据平台、营销、用户分析、资产配置、资产定价、风险控制等。将百分点的数据技术与中央财经大学的金融背景与优势结合起来，通过中财—百分点金融与大数据营销研究中心，双方发挥各自的特长和优势，共同开展金融和大数据营销领域的学术研究和商业研究，共同培养金融大数据人才，推进大数据技术在金融行业的发展，助力传统行业结合大数据进行技术、应用创新。

“中国消费金融品牌口碑指数”研究的开展已历时两年，此次合作使得百分点的数据技术与中央财经大学的金融背景与优势结合起来，双方共同开展金融和大数据营销领域的学术研究和商业研究，共同推动金融行业大数据领域的学术研究和人才培养，让大数据更好地服务于金融、服务于社会。

第三章　中国消费金融品牌口碑指数指标体系构建

一、指标体系设计

本指标体系的设计思路是：在现有消费金融发展情况及品牌价值测量相关文献的基础上，综合消费金融产品形态，结合数据的可得性和可靠性，从品牌认知、品牌感知质量和品牌忠诚三个维度来构建指标体系。通过文献研究与专家访谈，我们最终确定的指标体系包含四级、共 47 个具体指标，以期能更客观、全面地反映消费金融的发展状况和各个消费金融品牌的具体情况。

品牌认知是消费者对特定品牌的认知内容，是消费者从特定产品系列中识别或回忆某一品牌时心中的直观感受。它构成了顾客产生品牌偏好和品牌忠诚的基础，因此在衡量顾客认知的品牌价值时，品牌认知是一个重要维度。具体而言，品牌认知主要包括品牌知晓和品牌联想（如属性和利益、企业形象、品牌个性等）两个维度。消费者对品牌的知晓程度越高、认知越积极，该品牌的口碑价值也就越高。

品牌感知质量是消费者基于价格、价值等多方面因素的主观态度和判断，它对于消费者的购买和使用决策有很大影响。根据消费金融产品的特征和主要运行模式，感知质量的来源可具体划分为流程、产品、服务和平台安全四个层面。消费者在各个层面对品牌的感知质量构成对该品牌的整体感知质量。

在品牌忠诚方面，现有测量可以分为行为测量和态度测量两类。我们把消费者的购买意向和态度偏好看做重复购买的动机，即态度测量。本指数指标体系所用的测量方法就是态度测量，通过品牌满意度、消费者重复购买意愿、向他人推荐的意愿、消费者对竞争品牌的态度以及不同情况下消费者是否会选择更换其他产品这五项指标，来测量消费者对该消费金融品牌的忠诚度。消费者的品牌忠诚度越高，也就意味着他们越愿意重复购买和使用该品牌的产品、越愿意向他人推荐、越不愿意更换使用其他品牌，即该品牌的感知价值越高。

中国消费金融品牌口碑指数指标体系框架如图 3－1 所示。

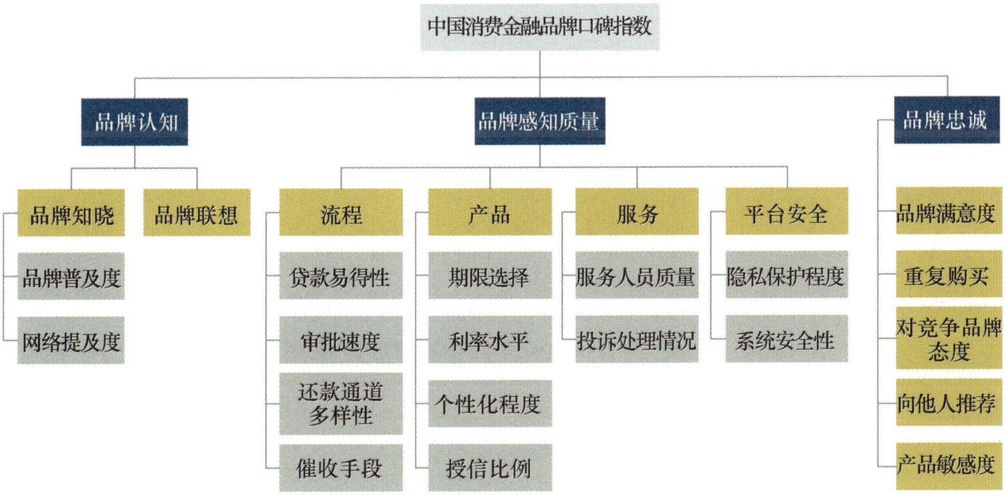

图 3－1　中国消费金融品牌口碑指数指标体系框架图（仅包含一级、二级、三级指标）

二、相关文献和理论基础

本指标体系的建立是以品牌价值理论为基础的，选取了顾客视角的品牌价值测量方法。一级指标体系的建立基于 Keller（1993）的“基于顾客的品牌资产框架体系”以及 Aaker（1991）的“品牌资产的五维概念模型”，构建了由品牌认知、品牌感知质量以及品牌忠诚构成的三维度指标。二级指标的构建也依据相关文献研究，具体文献回顾与分析如下。

（一）基于顾客视角的品牌价值

对于品牌价值的研究，长久以来都是从企业角度出发，把品牌价值简单地等同于企业的无形资产以及由此带来的销售收入和市场占有率的增加（范秀成，2000）。而这种从企业财务数据推算出品牌价值的评估方式，无法给企业提供足够的有用信息，也没有说明品牌价值的真正来源，更为严重的是这些评估方法脱离了顾客基础，忽视了品牌发挥作用的中间过程，无法从中看出顾客对品牌价值的贡献。其原因在于，品牌属于一种长期性的投资，用财务指标等短期数据评价品牌绩效，往往会出现偏差。基于这种评估方式的理论指导，很多企业容易局限于各种短视的市场行为，也容易给消费者造成品牌就是高价格和剥削顾客的印象。

顾客是品牌价值潜在和现实的双重利润的真正源泉，从顾客的角度来评估品牌价值可以反映其真正来源。因此，从帮助品牌进行良好经营的角度来进行品牌价值评估，基于顾客的品牌价值评估相对更具指导意义，对品牌的决策也会有更大的、现实的帮助（徐兴龙，2004）。

一些学者已从顾客的角度对品牌价值理论进行了研究。范秀成（2000）等指出，品牌价值是指品牌给企业带来的未来增量收益，它取决于顾客未来的购买意向和购买行为，而顾客的购买意向和购买行为依赖于企业以往的营销努力所产生的品牌对顾客心理的影响。Achenbaum（1993）认为，使一个品牌与无品牌的同种产品相区别并使该品牌具有净值的是消费者对产品特征、产品功能、品牌名称、名称所代表的意义和使用这一品牌的公司的总体感觉与知觉。Gronroos（2000）则认为，品牌价值来源于消费者与品牌接触而形成的品牌关系，这种关系中包含着消费者对品牌的感知与认可，这种感知与认可是相对于其他的竞争品牌而言的，通过感知与认可的比较而形成品牌价值。

基于这些学者从顾客角度对品牌价值的定义，我们将基于顾客认知的品牌价值界定为顾客对品牌的认识、心理感知以及由此引发的购买行为倾向。

（二）一级指标支撑文献

常用的基于顾客的品牌价值评估的理论框架体系是 Keller（1993）的“基于顾客的品牌资产框架体系”，即 CBBE（Customer - Based Brand Equity）理论框架体系。他提出：品牌资产来源于消费者对企业品牌营销活动产生的对品牌认知的不同影响。这其中有三层含义：第一，顾客或者说消费者对品牌有着不同的反应，既有正面的，也有负面的；第二，顾客的这种反应差别来源于其对品牌的认识和了解；第三，这些差异取决于顾客对品牌各个方面的印象和主观判断，包括品牌认知和偏好等。

Aaker（1991）在综合前人研究的基础上，对品牌资产做了专门的、系统的研究，提出了“品牌资产的五维概念模型”，并在 1996 年将五维模型细化为如下具体测评指标：品牌忠诚度（溢价、满意度、忠诚度）、品牌认知度（品质认知、领导性/普及度）、品牌联想度（价值、品牌个性、企业组织联想）、品牌知名度、市场状况（市场价格和销售区域、市场份额）。后人对于品牌价值的评估大多是在这两位学者所建立的指标体系上进行改动的。相关研究结论如表 3 - 1 所示。

表 3－1 基于顾客认知的品牌价值测量相关文献总结

文献	CBBE 维度	产品种类
Park 和 Srinvasan（1994）	基于属性品牌资产，非基于品牌属性资产	牙膏、漱口水
Lassar 等（1995）	绩效、社会形象、价值、可信赖忠诚（Attachment）	电视机、手表
Yoo 和 Donthu（2001）	品牌认知、品牌联想、感知的质量、品牌忠诚	运动鞋、电影、彩色电视机
Washburn 和 Plank（2002）	品牌认知、品牌联想、感知的质量、品牌忠诚	薯片、纸巾
De Chernatony 等（2004）	品牌忠诚、满意度、声誉	金融服务
Netemeyer 等（2004）	感知的质量、成本独特的感知价值、支付溢价的愿望	沥青乳胶体、牙膏、运动鞋、牛仔裤
Pappu 等（2005）	品牌认知、品牌联想、感知的质量、品牌忠诚	汽车、电视机
Kocak 等（2007）	产品功能效用、产品象征效用、品牌名称功能效用、品牌名称象征效用	运动鞋
Buil 等（2008）	品牌认知、感知的质量、品牌忠诚、品牌联想（感知的价值、品牌个性、组织联想）	软饮料、运动衫、电子元器件、汽车
Shankar 等（2008）	价值提供、相关品牌重要性	保险
French 等（2013）	情感联系、在线体验、反映服务性质、信任、满足感	电子零售

基于对现有相关文献的分析，我们最终选择了以下三个一级指标：

（1）品牌认知：指潜在消费者从特定产品系列中识别或回忆某一品牌时心中的直观感受。虽然品牌认知是较浅层次的品牌价值衡量指标，但它是顾客产生品牌偏好和品牌忠诚的基础（欧阳洁，2003），因而是很多学者衡量顾客认知的品牌价值的重要维度。

（2）品牌感知质量：并非基于客观事实，而是消费者基于价格、价值等多方面因素的主观态度和判断（Zeithamlt，1988），且感知质量对消费者的购买决策有重要的影响（Parasuraman、Zeithaml 和 Berry，1988）。

（3）品牌忠诚：消费者对自身偏爱的品牌所坚持恪守的承诺，旨在抗拒导致品牌转换行为发生的情景影响和营销效应（Oliver，1999）。它可以产生显著的营销优势，包括降低营销成本、增大贸易杠杆（Aaker，1991）；同时也可以获得更大利润。因此，品牌忠诚被很多学者列入对品牌价值的考量之中（Aaker 和 Joachimsthaler，2000；Ambler，2000；Rust、Zeithaml 和 Lemon，2000；Blackston，1992）。

（三）二级指标支撑文献

1. 品牌认知（Brand Knowledge）

依据关联网络记忆模型，品牌认知是由消费者记忆中的品牌节点和与其相关的联想链环组成，正如一个由许多节点连接而成的网络一样，品牌名称是该记忆网络上的一个节点，并有各种不同类型其他品牌联想节点与之连接。品牌认知是不同类型和强度的联想节点相互作用而形成的对某一品牌有关的个人化的理解和信息。这种信息既可以是描述性的，也可以是评价性的（Keller，2003）。消费者依据品牌认知对企业营销活动所做出的反应就形成了品牌资产（Keller，1993）。

Keller（1993）认为，品牌认知包括品牌知晓（Brand Awareness）和品牌联想（Brand Association）两个维度。一方面是品牌名字节点与其他品牌联想节点被激活的能量强度，即品牌知晓；另一方面是品牌联想节点的内容及相互作用形成对品牌的看法和态度，即品牌联想。

总体来说，品牌认知是消费者对特定品牌的认知内容，主要包括品牌知晓和品牌联想（属性和利益、企业形象、品牌个性等）等维度，这些认知以从具体到抽象的关联网络记忆模型的结构形式存储于人们大脑之中。

（1）品牌知晓：即品牌知名度，是知道某品牌的消费者占所有消费者对象的比例，在这个概念里，消费者对品牌的知晓仅有“有”或“无”之分，没有程度之别。它既包括消费者对某产品品牌名称的再认或回忆的能力，还包括对代表产品或与产品有关的术语、符号、图案等识别的再认或回忆能力。

在测量中，Keller（1993）将品牌知晓分为品牌回想率（Brand Recall）和品牌重认率（Brand Recognition）。在本指数中，我们选取品牌重认率进行测量，即有提示下的品牌回想率（Aided Awareness）。当给出特定产品种类的一系列品牌名称，要求被调查者说出他们以前听说过哪些品牌时，那些被说出来的品牌就具有品牌知晓。

另外，王海忠（2006）利用焦点组访谈的方式，获取了国内消费者对品牌认知的维度，描绘出“中国消费者的品牌知识结构图”。他指出，品牌知名度包括广告、宣传和轰动事件三个方面（王海忠，2006）。因此，在指标体系中也加入了品牌提及度这一指标用于品牌知晓的测量。

（2）品牌联想：是记忆中与品牌节点相关联的、其他的、不同类型的积极的或者消极的联想节点，这些联想节点相互作用就形成对品牌的整体看法和态度。通俗地说，品牌联想就是消费者看到、听到或想到某一品牌时，会自然而然地想到另外的信息，这些信息可能是品牌本身的有关信息（如品牌知觉、经验、评价、定位等），也可能是品牌以外的信息（如情景、个性、人物、时空等），这些信息均来自消费者日常生活中的各个层面。品牌联想是一种基于顾客的品牌资产，是品牌资产的重要组成部分，因此，建立强有力的品牌联想也是提升品牌资产的有效途径。

Aaker（1996）认为，品牌联想可以划分为知觉价值（Perceived Value）、品牌个性（Personality）、组织联想（Organization）以及差异程度（Differentiation）四个维度。其中，对竞争品牌差异程度的测量与品牌个性有重合部分，因此我们选择前三个维度作为品牌联想的下一级指标进行测量。

2. 品牌感知质量

品牌感知质量相关文献如表 3 –2 所示。

表 3 –2　感知质量测量维度相关文献总结

文献	感知质量测量维度汇总	维度适用范围
GARVIN（1987）	产品特性、特征、可靠性、一致性、耐用性、服务性、审美性和产品或品牌形象	有形产品
ZEITHAML（1988）	易于适用性、多功能性、耐用性、服务能力、性能、声誉	有形产品
DODDS 等（1991）	可信性、工艺水平、整体质量、可靠性、耐用性	有形产品
LEHTINEN（1991）	物质质量、相互作用质量、公司质量	服务
PARASURAMAN 等（1993）	可靠性、移情性、保证性、响应性、有形性	服务
GRONROOS（1994）	技术质量、功能质量	服务
ZEITHAML 等（2000）	效率、实行、可靠性、隐私	电子服务
WOLFFINBARGER 和 GILLY（2002）	可靠性/实行、网站设计、安全/隐私和客户服务	电子服务

根据上述汇总文献，结合消费金融产品特征和服务特性，我们选定流程、产品、服务以及平台安全四个维度对消费者的品牌感知质量进行测量。

3. 品牌忠诚

测量忠诚度的方式主要可以分为两类：行为测量和态度测量。行为测量关注消费者已经发生的购买行为，多以概率模型的形式出现。但是，这种测量方法只是根据是否购买，将品牌忠诚度简单地分为忠诚和不忠诚，无法区分购买行为是习惯、情境还是复杂的心理原因造成的。态度测量关注的则是消费者的购买意向和态度偏好，并将之看做重复购买的动机，这种测量方式多采用量表形式，将品牌忠诚当做一个连续尺度。本指标体系所用的测量方法就是态度测量。

对于品牌忠诚度的测量，虽然国内外学者使用的方法不尽相同，但是通常使用的量化消费者品牌忠诚度的变量包括：

（1）重复购买率。在一定时期内，顾客对某一品牌产品重复购买的频率越高，说明对这一产品的忠诚度越高；相反则越低。

（2）顾客对价格的敏感程度。消费者对于不同产品的价格敏感度都是不同的，对于喜欢和偏好的产品，消费者对其价格变动的适应能力强，即敏感度低，忠诚度高；而对于自己不偏好的产品，则适应能力弱，即敏感度高、忠诚度低。

（3）转移效用和转移成本。已经对某品牌具有忠诚度的消费者，在转换品牌时，会发生“转移成本”，如学习成本、交易成本等。而当消费者的偏好转移到另一个品牌后，也会产生一定程度的满足，这就是“转移效用”。转移成本越高，转移效用越低，则品牌忠诚度越高；反之，转移成本越低，转移效用越高，则品牌忠诚度越低。

（4）消费者传播该品牌的次数和规模。对于一些耐用消费品，如汽车、家具等，由于重复购买次数有限，品牌忠诚度并不表现在重复购买上，而是表现在消费者对传播该品牌的次数和规模上。次数越多，规模越大，说明消费者对该品牌的认可度越高，品牌忠诚度就越高；反之，则品牌忠诚度越低。

综上，我们使用品牌满意度、消费者重复购买意愿、向他人推荐的意愿、消费者对竞争品牌的态度以及不同情况下消费者是否会选择更换其他产品这五项指标，来测量消费者对消费金融品牌的忠诚度。

第四章　研究方法论

一、指数研究方案

（一）研究对象

本指数的研究重点是对中国消费金融公司的品牌口碑进行深入量化与分析。首先通过大量查阅新闻资料、行业研究报告，并邀请来自北京大学、中央财经大学等的10位高校学者和4位业内专家进行访谈，以专家团勾选出的100余家品牌作为基础，以品牌认知情况为主要参考指标，进行针对消费者的品牌预调研，筛选出2017年消费者使用人数排名前30位的品牌作为本次指数研究的研究对象，样本覆盖达到90%以上。其中21家和2016年一致，9家为新上榜品牌（红色字体表示）。具体研究对象列表如表4－1所示。

（二）数据来源

本次指数编制过程中的三个数据源分别为：消费金融使用者在线调研、网络舆情数据、百分点媒体浏览数据。融合方法为对不同源数据赋予不同权重进行分析（见图4－1）。

表4－1　研究对象列表

持牌系消费金融品牌		非持牌系消费金融品牌	
海尔消费金融	上海尚诚消费金融	蚂蚁花呗	有利网
招联消费金融	中原消费金融	京东白条	百度有钱
苏宁消费金融	华融消费金融	国美消费金融	途牛—牛客贷
马上消费金融	湖北消费金融	万达消费金融	趣分期
中银消费金融	晋商消费金融	拍拍贷	佰仟
捷信消费金融	长银消费金融	平安普惠消费金融	人人分期
兴业消费金融		分期乐	桔子分期
中邮消费金融		土巴兔	58月付

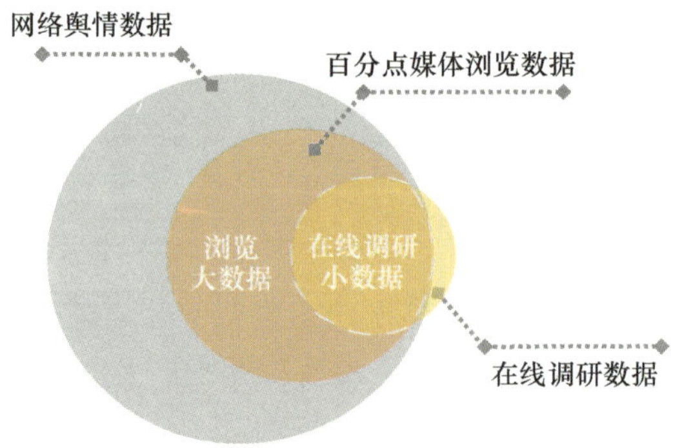

图4－1　大小数据融合

1. 在线调研数据

在线调研数据反映普通消费者心中不同消费金融品牌的口碑形象，对大数据无法探查的层面进行小数据的补充研究。百分点集团和中央财经大学联合通过在线调查的方式，了解并收集在2017年中消费者所使用过的消费金融品牌口碑评价，最后获得了1506份有效问卷，样本覆盖除中国香港、澳门、台湾、西藏以外的中国其他省（市区），经统计，样本的人口统计背景符合我国网民的背景情况。

（1）用法：调研问卷将涵盖全部指标，从用户对品牌的认知、体验的感知质量及最后的忠诚度进行测量，并将这些受访者设定为目标人群，收集他们的用户 ID 待匹配。

（2）优势：我们的在线调研供应商拥有近 300 万极具有代表性的 Panel、200 多项会员属性，并会进行严格质量控制。调研用户 ID 与百分点用户标识打通，可在百分点数据库中找到受访者的在线浏览、购买等行为。

（3）数据保障：首先在调研前期将会针对定量问卷进行逻辑复查，问卷无误后提交市场调研供应商编写访问程序并再次复查逻辑跳转等问题，确认无误后开始进行抽样框和配额设置并进行试调研，通过筛查被访者 IP 与地址匹配、移除多次注册、机器注册识别等最终甄选出合格的被访者。在调研过程中，通过电脑去重、被访者条件核查、人口属性匹配、答题时长检测、直线题检测、陷阱题设置等保障调研中期的质量。最后，当调研结束，我们会进行逻辑检查，保证数据的完整性和准确性。

以下是本次研究的样本分布情况：

2017 年消费者使用人数排名前 30 位的消费金融品牌中持牌系、非持牌系样本分布相对均衡，除蚂蚁花呗和京东白条使用人数较多外，其他消费金融品牌相差不大，其中持牌系消费金融品牌样本占比 37.5%，非持牌系占比 62.5%。具体的各品牌样本量占比如图 4－2 所示。

本次调研覆盖了除港澳台以外的中国其他省（市区），其中华东[①]地区占比最大，达 38.7%，东北和西北地区受访者相对较少。各省（市区）的城市、县域、农村均有涉及，受访者主要集中在城市，二线城市的样本居多。年龄分布均在 18 周岁以上，60 周岁以下，25～34 岁的受访者占 50%，18～24 岁也占到 30%

① 华北地区：北京、天津、河北、山西、内蒙古；东北地区：辽宁、吉林、黑龙江；华东地区：上海、江苏、浙江、安徽、福建、江西、山东；华中地区：河南、湖北、湖南；华南地区：广东、广西、海南；西南地区：重庆、四川、贵州、云南、西藏；西北地区：陕西、甘肃、青海、宁夏、新疆。

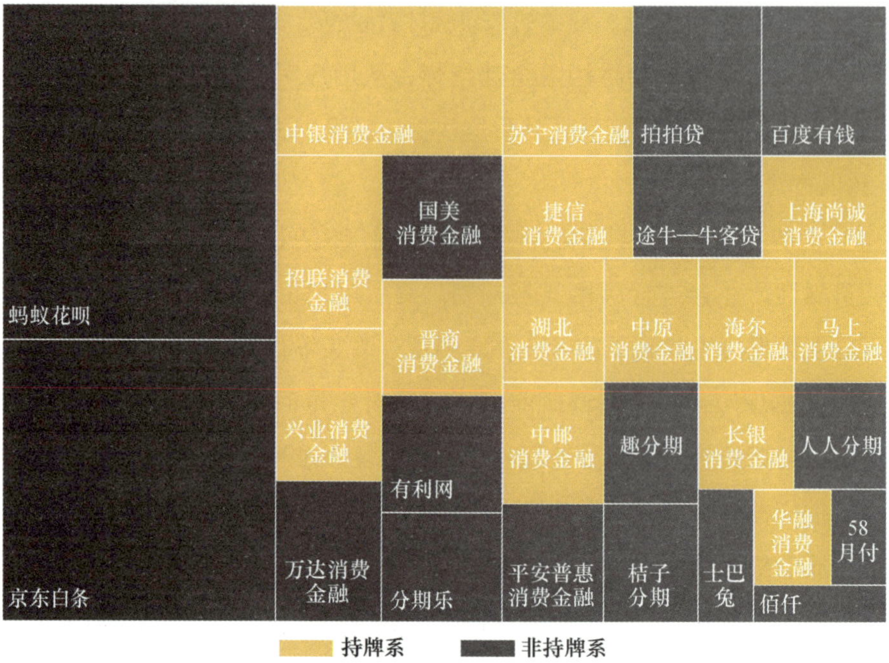

图 4－2　研究样本分布

以上，反映了消费金融品牌使用者年轻的特点，而 50～60 岁的受访者数量较少，在消费者行为分析时不予考虑；受访者职业范围广，包括企业普通职员、企业管理人员、个体经营者、学生等；受访者大多属于中等收入水平，月收入集中在 3000～10000 元。具体样本统计情况如图 4－3、表 4－2～表 4－4 所示。

2. 网络舆情数据

我们通过在微博、论坛、贴吧等消费者倾向于发表主观评论感受的公开网络平台中采集并处理评论文本数据，采集 2017 年全年消费金融使用者对各消费金融品牌的评论数据共计 190556 条。

（1）用法：①提取多文本的摘要，抓取关键内容及标签研究金融品牌的讨论声量，可以将其融入品牌认知一级指标；②深度剖析用户评价及喜好，从多个维度分析消费金融品牌的市场评价，为企业升级优化产品、改善服务质量提供数

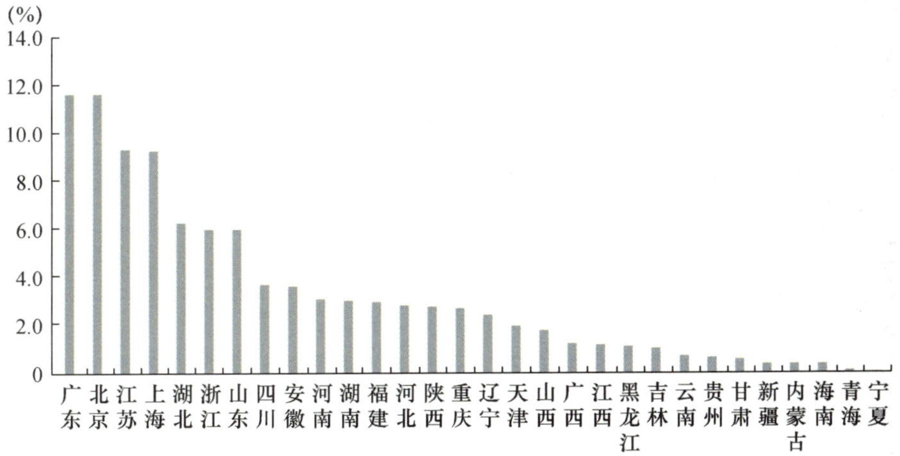

图 4-3　消费金融使用者覆盖省（市区）占比

表 4-2　消费金融使用者地方分布占比

单位：%

地方分布	样本占比
城市	70.0
县域	15.5
农村	14.5

表 4-3　消费金融使用者城市级别占比

单位：%

城市级别	样本占比
一线城市	30.7
二线城市	39.7
三线城市	29.6

表 4-4　消费金融使用者职业及收入分布占比　　单位：元，%

职业	样本占比
企业普通职员	24.9
企业中层管理人员（部门经理/科级/主管级）	15.2
学生	11.2
白领	9.8
个人企业经营者/个体户	9.0
行政管理人员/公务员	6.4
自由职业者（艺术家/自营业的医生等）	5.3
教师	3.6

续表

职业	样本占比
工人	3.1
企业高层管理人员（副总经理、厂长以上）	2.5
专职主妇	2.1
收入	样本占比
1000 以下	3.9
1000～3000	18.0
3000～5000	26.1
5000～10000	36.5
10000～20000	12.9
20000 以上	2.7

据支持服务，可以融入品牌感知质量一级指标；③利用先进深度学习技术，得出特定评论文本在金融领域的正负情感分值，可以融入品牌忠诚度一级指标。

（2）优势：百分点已覆盖 16000 余家资讯站点、近 4000 家论坛社区，以及主流微博、微信公众号，通过成熟的文本规则引擎，实现对信息内容的精准挖掘，提取与用户相关的价值信息。

（3）数据保障：抓取文本数据的保障在于先进的深度学习技术，同时使用大量人工标注的语料作为训练集，通过提取文本特征，构建分类器来实现情感的分类。

3. 百分点媒体浏览数据

利用媒体浏览数据可以把用户的行为和在线调研所产生的态度数据融合起来。通过百分点已完成的大小数据融合项目经验可知，ID 打通后的匹配率已达到 90%。

（1）用法：主要应用在品牌认知一级指标下，我们认为在问卷访问的时候难以回忆的品牌，可以通过其在主流媒体、论坛网站上的浏览痕迹显示，在一定程度上解释品牌认知指标。具体做法是在百分点平台中上传匹配调研用户 ID 后的百分点用户标识，选定需要的字段并导出数据。

（2）优势：百分点拥有涵盖21大类，1000子类，200资讯标签维度，1000万资讯标签数，2亿的媒体资讯画像，活跃UV（Unique Visitor）5000万人，日活跃PV（Page View）1.5亿个。

（3）数据保障。

1）类目打通技术。

由于百分点覆盖客户数量广，每个客户的标签类目体系都不完全相同，为了更精准地进行统计分析，类目打通必不可少。目前打通后的百分点标准媒体类目共包括1级类目25个，2级类目241个，3级类目1051个。打通原理是通过机器学习对不同电商的商品数据进行类目的归一化处理。

2）大小数据融合技术——与在线调研数据进行融合。

通过多种ID识别用户，如cookie、手机号、邮箱、身份证、IMEI等，将不同平台的用户ID拉通。用户在每一个触点上发生的行为，都会留下若干相关的标识，这些行为轨迹以及留下来的标识就是打通的依据。在本课题中，我们将通过cookie mapping的方式拉通百分点用户标识和在线调研供应商的ID标识。

大小数据融合过程：

Step1：从在线调研数据中找到目标人群。

Step2：通过cookie mapping，在百分点媒体库找到目标人群。

Step3：针对目标人群提取其相应字段的数据。

3）数据覆盖广。

百分点数据覆盖2000余家电商和媒体网站，全面连通用户电商购买和媒体浏览行为，构建用户全面的网上行为。

（三）权重计算方法

1. AHP层次分析法

AHP层次分析法是一种定性和定量分析相结合的系统分析方法，它将无结构复杂系统结构化，通过层次内两两比较和层次间权重解决了多因素、主观判断的不可公度问题，实现定性和定量相结合，通过一致性检验一定程度上解决主观判断的可靠性问题，提高主观决策过程的科学性，是分析多目标、多因素、多准则复杂大系统的有力工具。

具体来说，层次分析法的计算过程如下：

（1）构建判断矩阵。

对于每一级指标的所有下级指标 x_k，构建两两比较的判断矩阵 A。其相对重要性用 1～5 来表示，从而为判断矩阵的元素赋值 a_{ij}。a_{ij} 表示 x_i 相对 x_j 的重要程度。

$$A=\begin{bmatrix} a_{11} & a_{12} & \cdots & a_{1n} \\ a_{21} & a_{22} & \cdots & a_{2n} \\ \vdots & \vdots & \ddots & \vdots \\ a_{n1} & a_{n2} & \cdots & a_{nn} \end{bmatrix}$$

判断矩阵具有以下性质：$a_{ij}>0$，$a_{ji}=\frac{1}{a_{ij}}$，$a_{ii}=1$。

（2）计算判断矩阵最大特征值及其对应特征向量。

计算判断矩阵 A 最大特征根 λ_{max}，及其对应的特征向量，并将其归一化得到：

$$W=(w_1,\ w_2,\ \cdots,\ w_n)^T$$

$$AW=\lambda_{max}W$$

由此得到的特征向量 W 即为相应指标的权重向量。

表 4－5　判断矩阵标度含义

标度	含义及说明
1	两个元素有同样重要性
2	两元素比较，一元素比另一元素稍微重要
3	两元素比较，一元素比另一元素明显重要
4	两元素比较，一元素比另一元素极其重要
5	两元素比较，一元素比另一元素强烈重要

本指数研究团队设计权重问卷，根据专家团的访谈结果分别计算出各专家打分下的指标权重，进行平均以确定最终权重。

（3）一致性检验。

在判断矩阵 A 中，当 $a_{ik}=\frac{a_{ij}}{a_{jk}}$时，称判断矩阵为一致性矩阵。在进行一致性检验时，首先计算一致性指标

$$CI=\frac{\lambda_{max}-n}{n-1}$$

其中，n 为判断矩阵阶数。再计算平均随机一致性指标 RI，RI 是多次重复进行随机判断矩阵特征值的计算后取算术平均数得到的，表 4－6 给出了 1～12 维矩阵重复计算 1000 次的平均随机一致性指标。

表 4－6　随机一致性指标

维数	1	2	3	4	5	6	7	8	9	10	11	12
RI	0	0	0.52	0.89	1.12	1.26	1.36	1.41	1.46	1.49	1.52	1.54

最后计算出一致性比例 $CR=CI/RI$，当 $CR<0.1$ 时，一般认为判断矩阵的一致性是可以接受的；否则需要调整判断矩阵。

另外，在进行大小数据融合时，为确定同一指标不同数据来源的重要程度，我们根据专家访谈的结果来构造判断矩阵，使用 AHP 方法最终确定融合时的不同数据来源的权重。

2. 客观方法验证权重

为了避免 AHP 结果过于主观导致偏差，我们同时采用了熵权法和线性回归两种客观赋权重的方法来进行验证。

熵权法是一种客观赋权方法。在具体使用过程中，熵权法根据各指标的变异程度，利用信息熵计算出各指标的熵权，再通过熵权对各指标的权重进行修正，从而得出较为客观的指标权重。计算过程如下：

（1）计算第 j 个指标下第 i 个品牌的指标值的比重 p_{ij}：

$$p_{ij} = x_{ij} / \sum_{i=1}^{m} x_{ij}$$

其中，x_{ij} 表示为第 i 个品牌在第 j 项指标上的数据。

（2）计算第 j 个指标的熵值 e_j：

$$e_j = -\frac{1}{\ln m} \cdot \sum_{j=1}^{m} p_{ij} \cdot \ln p_{ij}$$

（3）计算第 j 个指标的熵权 τ_j：

$$\tau_j = (1 - e_j) / \sum_{j=1}^{n} (1 - e_j)$$

而在回归法中，我们将收集的三级、四级指标共 38 个变量，与问卷中收集的品牌总价值得分进行回归，得到的回归系数作为权重。因为回归的指标较多，多重共线性严重，所以仅将回归结果作为参考权重。在熵权法和 AHP 进行抉择的过程中，我们将这二者的结果与回归的结果进行比较。在对比中发现，AHP 层次分析法比熵权法更接近回归结果。体现在以下几方面：

（1）一级指标方面，由回归法和 AHP 层析分析法得出的感知质量权重均高于 50%，在品牌认知上权重较低，但熵权法在品牌认知上权重过高。

（2）感知质量的二级指标方面，回归法和 AHP 层次分析法得出的权重在产品指标上相近，而熵权法产生的产品指标权重则过低。

（3）品牌忠诚的二级指标方面，回归法和 AHP 层次分析法得出的权重较为接近，熵权法中敏感度指标权重过高。

基于以上原因，我们再次邀请专家讨论，最终决定使用 AHP 层次分析法的结果作为指标权重，进行后续指数计算。

（四）指数计算方法

1. 指标无量纲化

因为我们的数据来源广泛，必须将性质和计量单位不同的指标进行无量纲化处理，以便指标间的对比和融合。无量纲化，又称数据的标准化、规格化，是将不同单位的数据运用数学方法转化为没有单位可以直接对比的数据的过程。无量纲化处理方法主要有离差标准化、均值化以及标准差化方法等，为避免指数计算中出现负数，我们采用了离差标准化来对数据进行无量纲化处理。

为了解决不同性质数据融合的问题，我们将指标分为两类——正指标与逆指标：正向指标即数据越大，口碑指数越高的指标；而逆指标与之相反。

对于正指标，转换函数为：

$$x_{ij}^{*} = \frac{x_{ij} - \min(x_j)}{\max(x_i) - \min(x_j)} \times 100$$

对于逆指标，转换函数为：

$$x_{ij}^{*} = \frac{\max(x_j) - x_{ij}}{\max(x_j) - \min(x_j)} \times 100$$

经过离差标准化后，各种变量的观察值被转化为没有单位的纯数量，且数值范围都将在［0，100］之间。x_{ij}^{*} 得分越高，就说明该品牌在相应指标上表现得越好。

2. 指数合成方法

在进行多指标融合时，需要将对事物不同方面的评价值用一定的算式综合起来，从而得到总体的评价。本指数采取加权平均的合成方法，其公式如下：

$$x_i = \sum_{k=1}^{n} w_j x_{ij}^{*}$$

其中，x_i 表示第 i 个品牌的口碑指数，w_j 表示归一化后各指标的权重，n 为指标的总个数。我们在具体合成指标时是由下往上逐层计算而成，先计算第四级指标，再加权汇总为第三级指标，依此类推。我们也可以根据相应指标上各品牌的表现，来确定不同方面消费金融各品牌的排名情况。

二、中国消费金融品牌口碑指数研究过程

此次研究在“2016年中国消费金融品牌口碑指数研究”的基础上优化后展开，过程主要包含消费金融行业调研、研究对象确定、数据收集与计算、指数解读与问卷结果分析四个步骤。

第一步，消费金融行业调研。为紧密结合行业动态深化研究内容，我们首先进行了行业调研，包括行业环境调研和企业发展状况调研两部分。前者包括国家相关政策、市场发展状况和行业热点三部分，内容详见报告第二章；后者重点关注2017年间消费金融行业企业增减情况、市场表现状况及典型企业变动原因，内容详见报告第五章。

第二步，研究对象确定。消费金融行业正当快速发展期，一年间不乏众多企业新增与消退现象，且市场表现各异，因此为保证研究具有充足的市场价值与参考意义，我们再次综合专家、消费者意见和品牌市场状况，更新了指数研究对象。

第三步，数据收集与计算。基于更新后的指数研究对象和改进后的研究设计，我们通过消费金融使用者在线调研、网络舆情、百分点媒体浏览三条渠道收集到研究数据，按拟定方法论进行计算。

第四步，指数解读与问卷结果分析。根据指标体系设置和指数编制方法，我们对确定好的研究对象即各品牌编制了“中国消费金融品牌口碑指数”以及消费金融品牌认知指数、品牌感知质量指数、品牌忠诚指数三个分项指数。详细分析了各指数下品牌的表现，同时结合2016年的结果，展开品牌排名变化的对比分析，也对新上榜及遗憾掉榜的品牌进行了说明。

对问卷数据我们引入不同维度的交叉分析，深入洞察了消费品牌、消费人

群、消费场景与各细化指标的内在关联。关于消费品牌，分析不同品牌的品牌普及度、贷款易得性等指标表现，详细了解不同品牌的认知、感知质量和忠诚的差异性。而关于消费人群，我们则关注不同消费群体使用消费金融的基本情况、使用品牌的不同偏好、对品牌各环节的满意度，以揭示不同消费群体的消费特点。消费场景方面，我们调研了各场景的使用情况、口碑得分及场景细化指标表现，探究不同消费场景的优势。

三、2017 年中国消费金融品牌口碑指数新增研究内容

（一）加入细化指标的交叉分析，更深入地挖掘信息

本次研究引入不同维度的交叉分析，从消费者及消费场景的角度出发，考虑其与各细化指标的内在关联，具体包括人口统计变量（性别、年龄、城市等）与细化指标（审批速度、还款情况、贷款利率等）分析、消费场景与细分指标分析。

通过细化指标的交叉分析，不同群体消费者的消费习惯与品牌偏好、不同消费场景下各品牌的表现情况将得到更深入的挖掘。各品牌可以此为依据，调整自身场景战略布局，并针对性地采取有助于提升消费者满意度的营销措施。

（二）关注 2016 年、2017 年各消费金融品牌口碑变化，分析品牌成长情况

本研究结合前期报告《中国消费金融品牌口碑指数研究（2016）》，纵向比较消费金融品牌口碑的变化。具体内容是，分析得出各品牌口碑指数排名的浮动方向及程度大小，并联系消费金融行业动态解读变化现象；重点关注品牌排名变化大的典型企业，调研其市场表现及舆论指向，结合口碑指数各项指标得分探析

原因。

通过对比口碑变化情况，各品牌可对自身成长情况和口碑表现出更客观的认识，从而针对短处制定并落实优化方案，增强品牌实力，并有助于消费金融行业的健康持续发展。

（三）结合行业热点及发展动态，深度洞察消费者行为

本研究首先对消费金融行业进行深度调研，全面了解近一年行业的发展动态以及热点事件，把握行业发展规律。在此基础上，我们针对性地设计了消费者调查问卷，以确保研究的现实意义。此外，本研究将消费者行为作为一大探析重点，关注不同消费群体对消费金融品牌的认知、使用、体验和满意度情况等，深度洞悉不同群体消费者的消费习惯及消费偏好。

将各消费金融品牌口碑指数指标与消费者行为相结合分析，能够生动详细地展现各消费群体的消费特点，并为企业更好地制定个性化营销提供参考。

（四）联系消费场景，解密消费金融行业规律

本研究紧跟消费金融行业“场景化”的趋势，对各个消费金融品牌按场景分类进行细致分析，即调研各消费场景的使用情况、对比各场景的口碑指数得分并分析其内在原因，探究不同消费场景的特点与优势。

进一步地，我们通过分析不同消费场景内所含品牌的口碑情况、解析各消费场景下品牌之间的差异，以寻求场景间的价值空间，为品牌未来开拓新消费场景或针对已有场景进行优化、提升提供指导性建议。

第五章　中国消费金融品牌口碑指数解读

根据上述“中国消费金融品牌口碑指数”指标体系设计以及指数编制方法，我们对30家主要消费金融品牌进行计算，得到各品牌的口碑综合指数和口碑分项指数——品牌认知指数、品牌感知质量指数和品牌忠诚指数；另外，还有流程、产品、服务、平台安全等评价感知质量方面的细分指数；以及重复购买、向他人推荐等评价品牌忠诚的细分指数。最后，我们对比《中国消费金融品牌口碑指数研究（2016）》，分析品牌口碑指数的排名变化并解读典型品牌口碑指数排名变化的原因。以下内容为2017年中国消费金融品牌口碑指数的分析。

一、中国消费金融品牌口碑综合指数分析

1. 综合指数分析

如表5－1、图5－1所示，在进行排名的30个品牌中，蚂蚁花呗、京东白条两家电商品牌优势明显，在消费金融行业处于领先地位；同时，位于口碑综合指数前五的还有苏宁消费金融、国美消费金融以及拍拍贷，品牌发展势头很好。另

外，中银消费金融、百度有钱等消费金融品牌得分居中，仍有上升空间；而华融消费金融、长银消费金融、佰仟、马上消费金融这四个消费金融品牌得分较低，消费者口碑较差。

表 5－1　2017 年中国消费金融品牌口碑指数排名及变化

排名	公司名称	口碑指数	排名变动
1	蚂蚁花呗	85.4	0
2	京东白条	73.8	2
3	苏宁消费金融*	50.5	0
4	国美消费金融	50.2	9
5	拍拍贷	48.0	19
6	中银消费金融*	47.8	0
7	百度有钱	47.5	0
8	万达消费金融	47.0	0
9	人人分期	46.3	新上榜
10	招联消费金融*	45.9	1
11	途牛—牛客贷	45.0	－2
12	兴业消费金融*	44.5	－7
13	平安普惠消费金融	44.1	－3
14	分期乐	44.0	6
15	桔子分期	43.7	新上榜
16	58 月付	43.0	新上榜
17	趣分期	40.8	13
18	有利网	39.7	－2
19	上海尚诚消费金融*	38.7	新上榜

续表

排名	公司名称	口碑指数	排名变动
20	中原消费金融*	37.4	新上榜
21	湖北消费金融*	36.8	新上榜
22	捷信消费金融*	36.6	-4
23	晋商消费金融*	36.1	新上榜
24	土巴兔	36.1	1
25	海尔消费金融*	35.9	-8
26	中邮消费金融*	34.6	-14
27	华融消费金融*	29.5	新上榜
28	长银消费金融*	28.7	新上榜
29	佰仟	25.2	-1
30	马上消费金融*	23.1	-4

注：*表示持牌消费金融公司。本章下同。

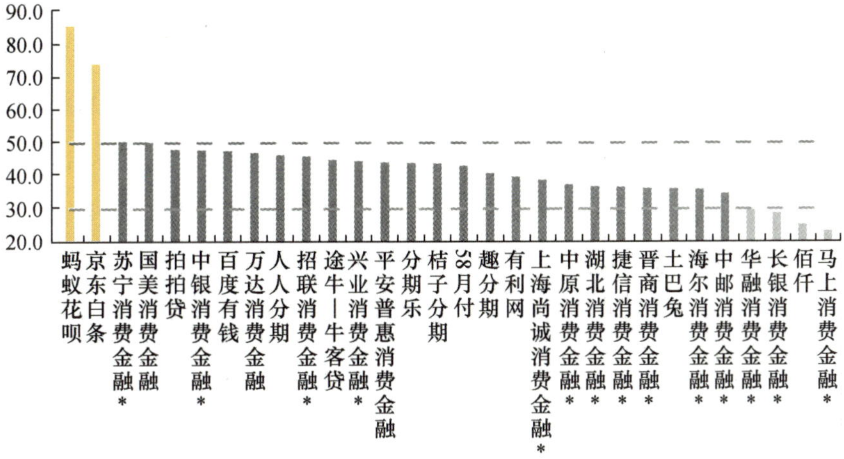

图5-1　消费金融品牌口碑综合指数得分

在持牌的消费金融品牌中，除新上榜的华融消费金融、长银消费金融外，中邮消费金融及马上消费金融表现较差，品牌认知、感知质量、忠诚度三个一级指标得分均在平均线以下。结合细分指数可以发现，马上消费金融在注册便捷度、审批速度、还款服务、催收手段、产品期限选择、授信比例及服务人员质量、平台安全方面的满意度较低，低于总体平均水平20以上，同时使用过马上消费金融的消费者更换品牌意愿较强，品牌忠诚度很低。但在投诉处理方面，尤其是投诉渠道安排、投诉处理的及时性都表现不错，消费者满意度均在平均水平以上。而中邮消费金融则主要在注册便捷度、填写材料复杂度、审批速度及还款通道多样性方面的满意度得分低，品牌需注意提高自身在流程上的便捷度。

而非持牌的品牌中，除了电商系巨头，拍拍贷在综合品牌中排名靠前。消费者对其产品期限选择、隐私保护、认证安全性满意度较高，同时也比较愿意重复使用、向他人推荐此品牌，对品牌忠诚度较高。

2. 综合排名变化

如表5－1所示，与2016年相比，蚂蚁花呗、京东白条两家电商巨头发展势头仍然迅猛，连续两年都位居中国消费金融品牌口碑指数前列，且指数得分与其他消费金融品牌有较大差距；苏宁消费金融、中银消费金融、百度有钱等品牌依旧稳居消费金融口碑指数前十，变化不大，总体表现在行业平均水平之上。在2017年排名前十的品牌中，有两个非持牌品牌表现十分突出：拍拍贷2017年综合排名第五，相较于2016年上升了19名；国美消费金融2017年综合排名第四，相较2016年上升了9名。另外，2017年共新上榜了9个品牌，其中有持牌系消费金融品牌如上海尚诚消费金融、中原消费金融等，非持牌系品牌有58月付、人人分期等。令人遗憾的是，中邮消费金融2017年排名下降较多，下降了14名，而2016年在榜的北银消费金融在2017年没能继续进入榜单。

二、中国消费金融品牌口碑分项指数分析

（一）品牌认知指数

1. 品牌认知指数分析

品牌认知指数反映消费者对各消费金融品牌的认知情况。各品牌的品牌认知指数如图5－2所示，呈现如下两个特征：

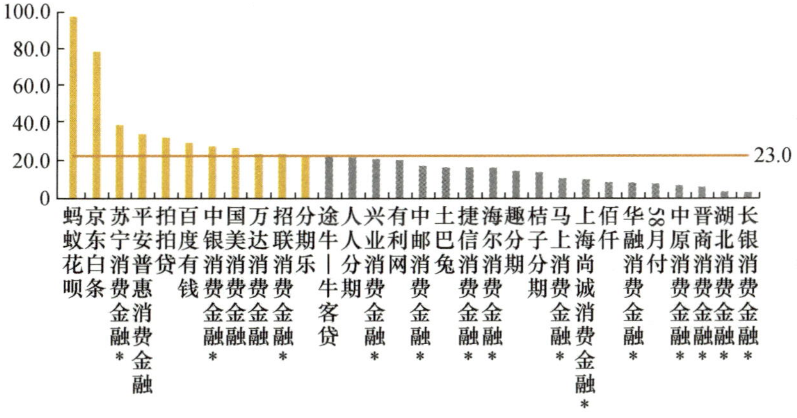

图5－2　消费金融品牌认知指数得分

（1）蚂蚁花呗、京东白条两个品牌的品牌认知指数明显领先，二者在消费者群体中有较广泛的认知。电商系消费金融品牌借助电子商务的迅速普及，依托其自身的电子商务平台，通过消费者在电商平台浏览商品、选购商品，不断推广自身消费金融产品，迅速在消费者中建立认知度。因此，不论是品牌普及度还是网络提及度，二者都明显高于其他消费金融品牌。

（2）新上榜品牌的品牌认知指数排名靠后，其中以上海尚诚消费金融为代表的部分持牌金融公司开业日期较晚，处于起步发展阶段，品牌普及度和网络提及度都比较低。另外，新上榜的人人分期品牌认知排名较好，人人分期作为人人网官方唯一指定大学生分期购物平台，配合有效广告宣传，在消费者中推广较好。

2. 品牌认知指数排名变化

如表5－2所示，蚂蚁花呗、京东白条、苏宁消费金融依据电商背景发展起步早，无论是在行业中还是消费者心中的认知度都较高，加上较高的网络提及度，它们连续两年成为品牌认知指数排名的前三甲；途牛—牛客贷、万达消费金融2017年也较为活跃，品牌认知指数分别上升11名、10名，这与较2016年有所提高的品牌普及度和网络提及度有关。在新上榜的品牌中，非持牌的人人分期排名比较靠前，得益于其排名较高的产品个性化程度分项指标，也即在提到人人分期时，消费者对品牌联想的广度和集中度都较高。捷信消费金融品牌认知指数下降13名，这可能与2017年多家持牌系消费金融公司如上海尚诚消费金融、湖北消费金融、长银消费金融等公司陆续上榜形成的较强行业间竞争有关。

表5－2　2017年中国消费金融品牌认知指数排名及变化

排名	公司名称	品牌认知得分	排名变动
1	蚂蚁花呗	97.6	0
2	京东白条	78.7	0
3	苏宁消费金融*	39.4	0
4	平安普惠消费金融	34.6	7 ↑
5	拍拍贷	32.6	1 ↑
6	百度有钱	29.9	－2 ↓
7	中银消费金融*	28.0	1 ↑

续表

排名	公司名称	品牌认知得分	排名变动
8	国美消费金融	27.2	2↑
9	万达消费金融	24.0	10↑
10	招联消费金融*	23.9	7↑
11	分期乐	23.4	9↑
12	途牛—牛客贷	23.0	11↑
13	人人分期	22.0	新上榜
14	兴业消费金融*	21.2	0
15	有利网	20.8	-8↓
16	中邮消费金融*	17.6	-1↓
17	土巴兔	16.8	5↑
18	捷信消费金融*	16.7	-13↓
19	海尔消费金融*	16.4	-7↓
20	趣分期	14.9	-4↓
21	桔子分期	14.0	新上榜
22	马上消费金融*	10.9	-1↓
23	上海尚诚消费金融*	10.2	新上榜
24	佰仟	8.5	4↑
25	华融消费金融*	8.4	新上榜
26	58 月付	8.0	新上榜
27	中原消费金融*	7.1	新上榜
28	晋商消费金融*	6.2	新上榜
29	湖北消费金融*	3.5	新上榜
30	长银消费金融*	3.3	新上榜

（二）品牌感知质量指数

1. 品牌感知质量指数分析

品牌感知质量指数反映消费者对各消费金融品牌质量相关情况的评价，依据消费金融业务的特征，具体划分为流程、产品、服务、平台安全四个维度进行测量。各品牌的品牌感知质量指数呈现如下两个特征：

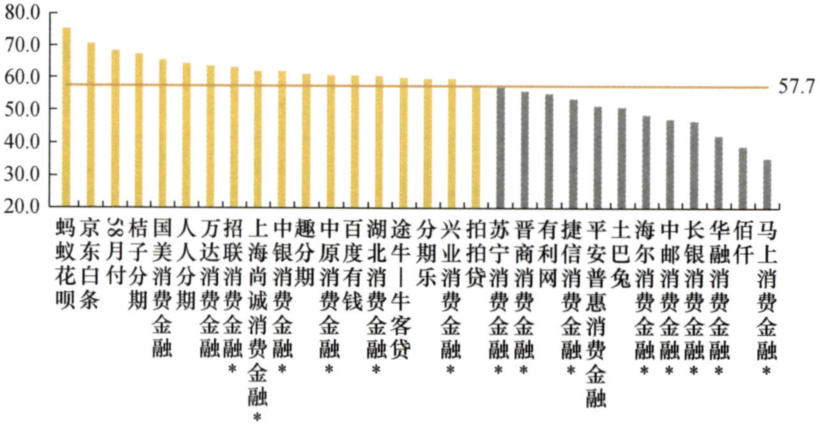

图5－3　消费金融品牌感知质量指数得分

（1）新上榜品牌，如58月付、桔子分期、人人分期、上海尚诚消费金融表现较好。此类消费金融品牌虽然在消费者中的认知水平较低，却能带给使用该消费金融品牌的消费者较好的使用体验，建议这类消费金融品牌更多地重视品牌推广，扩大消费者对品牌的认知程度。

（2）蚂蚁花呗、京东白条两电商系品牌表现依然很好。另外，国美消费金融在流程、服务、平台安全上均表现良好，产品方面稍显不足，其中个性化程度低于平均水平，品牌需注意结合产品特点满足客户独特需求。

2. 品牌感知质量指数排名变化

如表5－3所示，在2017年的品牌感知质量指数排名中，进入榜单前十的新上榜品牌有4家，分别是非持牌的58月付、桔子分期和人人分期，1家持牌系品牌上海尚诚消费金融。对于这三个新晋的非持牌品牌，较高的品牌感知质量得分得益于其较低的利率水平、较多的期限选择和较高的授信比例，以及消费者较为满意的催收手段；而上海尚诚消费金融则是得益于较好的品牌服务，消费者对其品牌服务人员的态度、专业性和熟练性都较为满意，平台的投诉渠道建设、投诉处理情况得分也较高。总体上看来，除了品牌感知质量排名有一定上升的蚂蚁花呗、京东白条、国美消费金融、招联消费金融趣分期以外，其余品牌均有一定程度的下降：平安普惠消费金融下降了23名，品牌的贷款易得性得分、还款通道多样性得分下降较多；苏宁消费金融下降了17名，品牌在投诉渠道的建设、平台安全的维护上得分下降较多。

表5-3　2017年中国消费金融品牌感知质量指数排名及变化

排名	公司名称	品牌感知质量得分	排名变动
1	蚂蚁花呗	75.2	7↑
2	京东白条	70.7	4↑
3	58月付	68.5	新上榜
4	桔子分期	67.6	新上榜
5	国美消费金融	65.8	9↑
6	人人分期	64.6	新上榜
7	万达消费金融	63.8	-3↓
8	招联消费金融*	63.3	4↑
9	上海尚诚消费金融*	62.2	新上榜
10	中银消费金融*	62.1	-1↓
11	趣分期	61.3	19↑
12	中原消费金融*	61.0	新上榜
13	百度有钱	60.8	-3↓

续表

排名	公司名称	品牌感知质量得分	排名变动
14	湖北消费金融*	60.7	新上榜
15	途牛—牛客贷	60.3	-8 ↓
16	分期乐	59.9	1 ↑
17	兴业消费金融*	59.9	-14 ↓
18	拍拍贷	57.9	7 ↑
19	苏宁消费金融*	57.4	-17 ↓
20	晋商消费金融*	56.2	新上榜
21	有利网	55.3	-5 ↓
22	捷信消费金融*	53.8	-3 ↓
23	平安普惠消费金融	51.5	-23 ↓
24	土巴兔	51.2	-3 ↓
25	海尔消费金融*	48.9	-7 ↓
26	中邮消费金融*	47.5	-11 ↓
27	长银消费金融*	46.9	新上榜
28	华融消费金融*	42.3	新上榜
29	佰仟	39.1	-2 ↓
30	马上消费金融*	35.4	-2 ↓

（三）品牌忠诚指数

1. 品牌忠诚指数分析

品牌忠诚指数反映消费者对各消费金融品牌的忠诚程度，具体划分为消费者对该品牌的满意度、重复购买意愿、对于竞争品牌的态度、向他人推荐意愿以及产品敏感度五个维度进行测量。其中，产品敏感度是指消费金融产品的部分特性（如利率、授信额度、期限）发生改变，或者其他品牌提供相似产品且利率更低、授信额度更高、还款期限更长时，消费者会不会使用其他品牌的产品。品牌忠诚指数呈现如下特征：

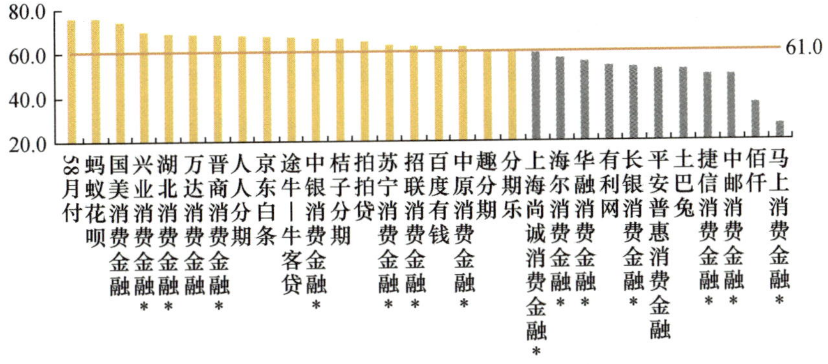

图 5－4　消费金融品牌忠诚指数得分

大多数品牌的忠诚指数分布在 50～70，分布较为集中，除较为领先的 58 月付、蚂蚁花呗、国美消费金融、兴业消费金融，以及有待进步的马上消费金融、佰仟、中邮消费金融、捷信消费金融几个品牌以外，其余 22 个品牌的消费者忠诚水平相差不大，说明目前消费者对大部分消费金融品牌的忠诚程度较为相近。

大多持牌的消费金融品牌忠诚指数排名较好，如兴业消费金融等，体现正规军优势。而对于位于平均水平以下的，除上海尚诚消费金融、华融消费金融、长银消费金融此类开业较晚，处于起步发展积累客户阶段的公司外，捷信消费金融、中邮消费金融品牌忠诚指数较低则主要是体现在消费者重复购买及向他人推荐意愿差，以及对利率比较敏感。

2. 品牌忠诚指数排名变化

如表 5－4 所示，58 月付、湖北消费金融、晋商消费金融虽然是新上榜品牌，但在品牌忠诚方面表现突出，分别位居榜单第一、第五和第七。品牌忠诚指数排名上升的品牌以拍拍贷为代表，上升14名，选择拍拍贷的消费者相比2016年重复购买、向他人推荐品牌的意愿更强烈，向同品类竞争品牌转移的意向变低，利率、期限敏感度也都降低；蚂蚁花呗、国美消费金融也都上升了9名，蚂蚁花呗的品牌忠诚各细分指标得分均有小幅度的上升，国美消费金融2017年在同品类消费金融品牌中占据优势，消费者向其他品牌转移的意向降低。但中邮消费金融、马上消费金融等品牌忠诚下降迅速，分别下降23名和11名，直接跌到榜单末尾，它们在品牌忠诚各细分指标得分上均有不同程度的下降，其中较为明显的是，中邮消费金融的用户重复购买意愿下降快，马上消费金融的用户对还款期限和授信的敏感度上升，如若同类消费金融产品中有更好的选择，消费者则倾向于向竞争品牌转移。

表5-4　2017年中国消费金融品牌忠诚指数排名及变化

排名	公司名称	品牌忠诚得分	排名变动
1	58月付	76.4	新上榜
2	蚂蚁花呗	76.4	9↑
3	国美消费金融	74.5	9↑
4	兴业消费金融*	70.3	-2↑
5	湖北消费金融*	69.3	新上榜
6	万达消费金融	69.0	4↑
7	晋商消费金融*	68.8	新上榜
8	人人分期	68.2	新上榜
9	京东白条	67.9	6↑
10	途牛—牛客贷	67.5	-4↓
11	中银消费金融*	67.0	-8↓
12	桔子分期	66.9	新上榜

续表

排名	公司名称	品牌忠诚得分	排名变动
13	拍拍贷	65.5	14 ↑
14	苏宁消费金融*	63.9	-5 ↓
15	招联消费金融*	63.3	-7 ↓
16	百度有钱	63.2	-9 ↓
17	中原消费金融*	62.9	新上榜
18	趣分期	61.5	10 ↑
19	分期乐	61.1	4 ↑
20	上海尚诚消费金融*	59.8	新上榜
21	海尔消费金融*	57.4	-7 ↓
22	华融消费金融*	55.7	新上榜
23	有利网	53.8	-5 ↓
24	长银消费金融*	53.4	新上榜
25	平安普惠消费金融	52.2	-9 ↓
26	土巴兔	52.1	-1 ↓
27	捷信消费金融*	49.7	-5 ↓
28	中邮消费金融*	49.5	-23 ↓
29	佰仟	36.8	0
30	马上消费金融*	27.2	-11 ↓

（四）三项一级指标综合分析

如图 5-5 所示，品牌口碑三维图是 30 个消费金融品牌的品牌认知、品牌感知质量、品牌忠诚得分气泡图，其中横坐标表示品牌感知质量得分，纵坐标表示品牌忠诚得分，气泡大小表示品牌认知得分。从图中可知，各品牌大致分布在第一象限对角线上，即品牌感知质量和品牌忠诚呈现正相关关系；而关于品牌认知，除了蚂蚁花呗、京东白条两个品牌的认知得分与品牌感知质量和品牌忠诚得分成正比外，其余品牌的认知情况与前二者并无明显关系，与2016年情况大致相同。相比2016年，兴业消费金融位置左移明显，说明品牌感知质量有所下降，基本到平均线水平，而中邮消费金融更是从第一象限转移到了第三象限。国美消费金融2016年品牌忠诚指数在平均线，感知质量指数在中等偏上，但2017年两方面进步明显，到达了第一象限比较突出的位置。2016年位于第三象限的爱学贷、优分期、北银消费金融2017年已经不在Top30，而马上消费金融、佰仟2017

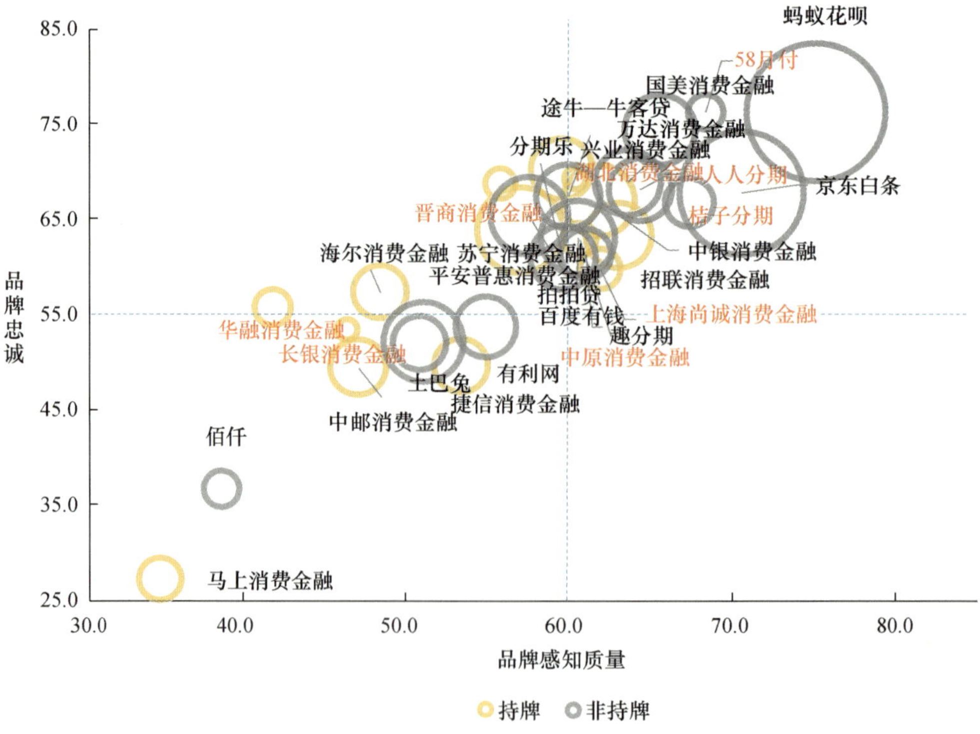

图5-5　品牌口碑指标三维图

注：气泡大小表示品牌认知。

年已经到了第三象限的角落位置，2018 年掉落可能性大，而趣分期已经回到平均偏上的位置。2016 年在第一象限的万达消费金融，2017 年认知度和忠诚度均上升，但感知质量有所下降。新上榜的消费金融品牌（红字）也有位于第一象限的，说明它们在品牌感知质量和品牌忠诚方面具有竞争力。

三、中国消费金融品牌口碑细分指标分析

根据指标体系的设置，我们在品牌认知、品牌感知质量、品牌忠诚三个一级指标下，分别选择若干关键细分指标进行分析，深入考察各指标下品牌的表现。

（一）品牌认知关键指标分析

1. 消费金融品牌普及度

品牌普及度和网络提及度共同构成品牌知晓指标。如图 5－6 所示，对受访

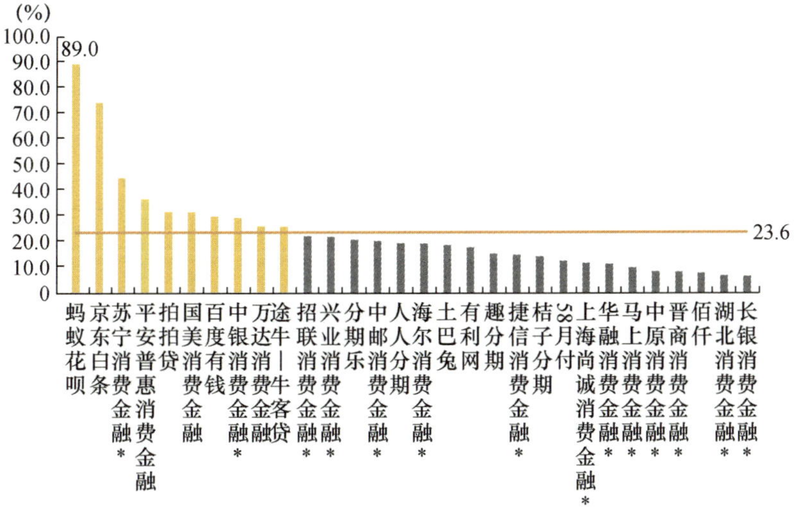

图 5－6　消费金融品牌普及度水平

者知晓的品牌进行统计，其中约 89.0% 的消费者知道蚂蚁花呗，另外京东白条、苏宁消费金融、平安惠普消费金融、拍拍贷等品牌普及度均高于平均水平。整体上，电商平台和产业系消费金融品牌表现较好，银行系中银消费金融品牌普及度较高。

2. 消费金融品牌网络提及度

如图 5 - 7 所示，消费金融品牌的网络提及集中度较高，70% 以上的网络提及集中在前十位的品牌，其中两个电商系平台在网络上的评论数量占比远高出其他品牌，其有特定的消费场景入口，且以“双十一”为例的促销活动为品牌做了充分的客户体验营销，极大地提升了品牌热度。另外，排名前十的品牌中，多数为依托互联网购物平台的分期服务品牌，如蚂蚁花呗、京东白条、分期乐、趣分期、百度有钱等，比起银行系和产业系依靠自身主营业务或主要产品获得关注外，互联网消费金融品牌要更擅长宣传、造势和营销，因此也更容易获得用户关注。

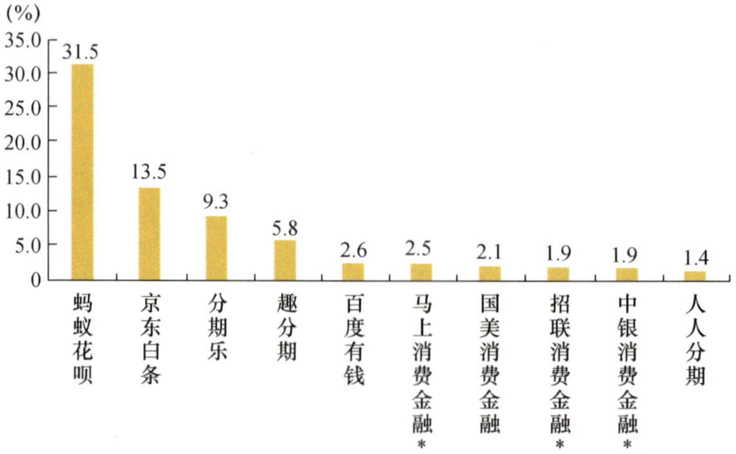

图 5 - 7　消费金融品牌网络提及度

除海量电商数据积累外，百分点还拥有丰富的媒体资讯画像，包含了用户浏览行为轨迹、浏览偏好等信息。通过观察各品牌标签的浏览数量占比，如图 5 - 8

所示，我们发现蚂蚁花呗和京东白条仍稳占前两位，此外，两个银行系品牌——招联消费金融和捷信消费金融被浏览次数占比也较高。

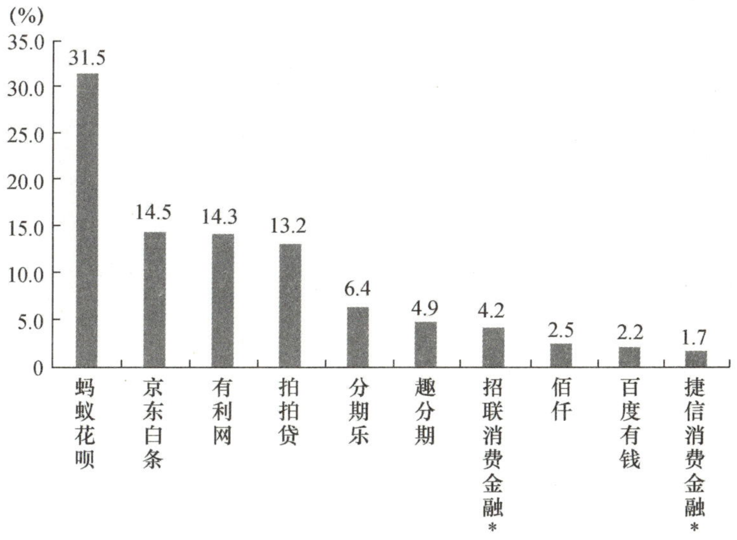

图 5－8　消费金融品牌浏览提及度

（二）品牌感知质量关键指标分析

图 5－9 为品牌感知质量细分指标矩阵，它综合地表示了品牌感知质量细分指标的重要性程度和满意度得分，其中利率水平、隐私保护程度对综合口碑指数最为重要，而服务人员质量、审批速度等相对来说重要程度较低。

较 2016 年而言，品牌感知质量指数下的细分指标中，期限选择、授信比例、投诉处理情况有较大提升，进入优势保持区，系统安全性、服务人员质量也有一定程度提高；隐私保护程度重要但满意水平不佳，连续两年处于优先改善区，各品牌企业需加以重视；利率水平由优势保持区掉到优先改善区域，消费者普遍对贷款利率满意度不高，同时也说明消费者利率意识有所加强。

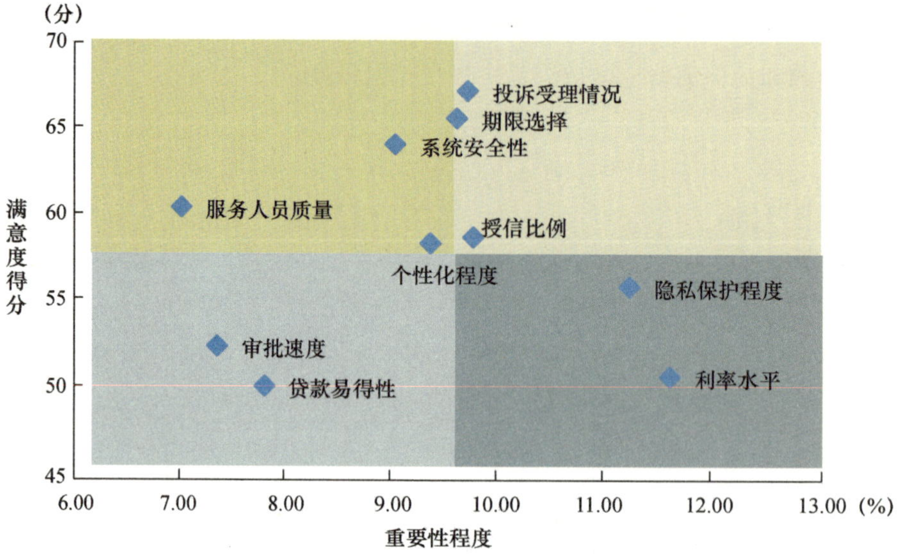

图 5－9　2017 年品牌感知质量得分矩阵图

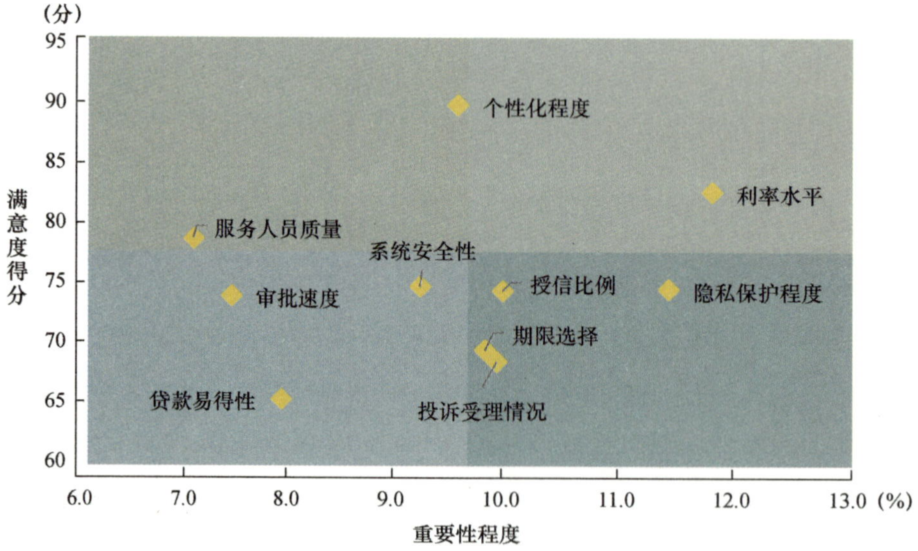

图 5－10　2016 年品牌感知质量得分矩阵图

本报告从品牌感知质量的测量指标中，选取了 11 个重点分项指标，计算消费者的平均满意得分。从图 5－11 可以发现，消费者对服务人员质量的满意程度最高，而催收手段、期限选择、投诉受理情况以及贷款易得性的平均满意得分较低。行业整体需优化贷款审批流程，提供更人性化的还款服务及更便捷的投诉受理渠道，为消费者提供更多的便利，从而促进行业更好地发展。

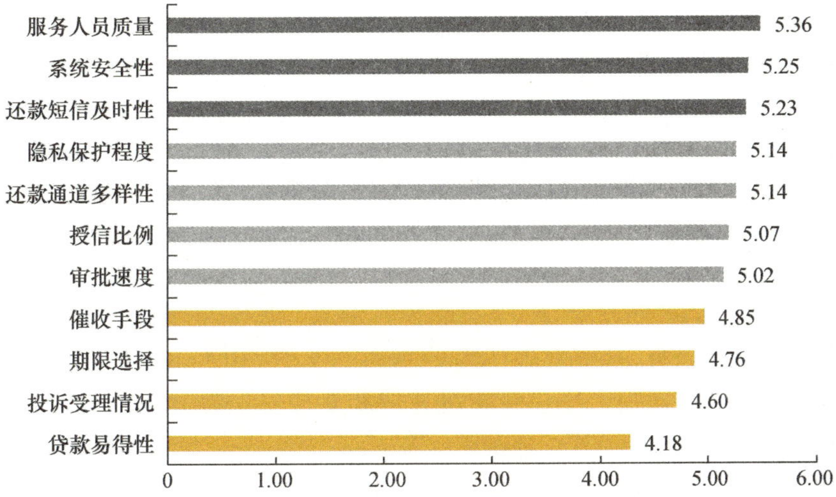

图 5－11　品牌感知质量关键指标满意度得分

1. 贷款易得性

贷款易得性从注册便捷度、门店数量、填写材料复杂度三方面共同衡量，从图 5－12 可发现，贷款易得性平均满意得分 Top10 的品牌中，蚂蚁花呗表现优异，居首位。另外新上榜品牌，如湖北消费金融、长银消费金融、上海尚诚消费金融、晋商消费金融同样表现不错，这类品牌多数为新开业品牌，尚在增长顾客数量阶段，对消费者而言使用产品也比较便捷。捷信消费金融同样很突出，作为银监会批准的首批四家消费金融公司之一，也是目前中国唯一一家外商独资消费金融，拥有丰富的消费金融经验，贷款易得性方面也积累形成了自身系统的操作平台。

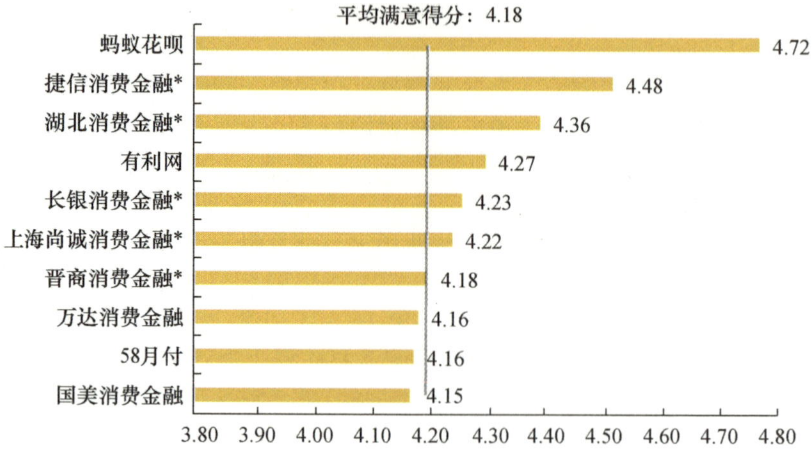

图 5－12　品牌贷款易得性满意度 Top10

2. 审批速度

如图 5－13 所示，各品牌平均审批速度为 6.34 小时，其中蚂蚁花呗审批速度最快，为 1.88 小时，土巴兔审批速度相对最慢，为 14.36 小时，品牌间整体差异较大。从消费者审批速度满意度来看，电商平台表现优异，如蚂蚁花呗的消费者平均满意得分为 5.56，依托于阿里系，拥有比其他消费金融平台更强大的风控实力，可以支持其快速放款。另外，银行系的招联消费金融、上海尚诚消费金融排名相对靠前，突破以往银行系品牌填写材料复杂、审批速度过慢的局限。

3. 授信比例

授信比例即为实际审批额度/客户申请额度，从图 5－14 消费者对各品牌的授信比例满意度来看，国美消费金融平均满意得分为 5.42，表现突出。国美消费金融于 2016 年 8 月全面接入央行征信系统，帮助其全面快捷地了解用户资信情况，从而大大提高审核效率，降低不良贷款额的同时也将授信策略做得更加精细。另外，途牛—牛客贷、京东白条、人人分期、桔子分期表现较好，位列授信比例满意度榜单前五。

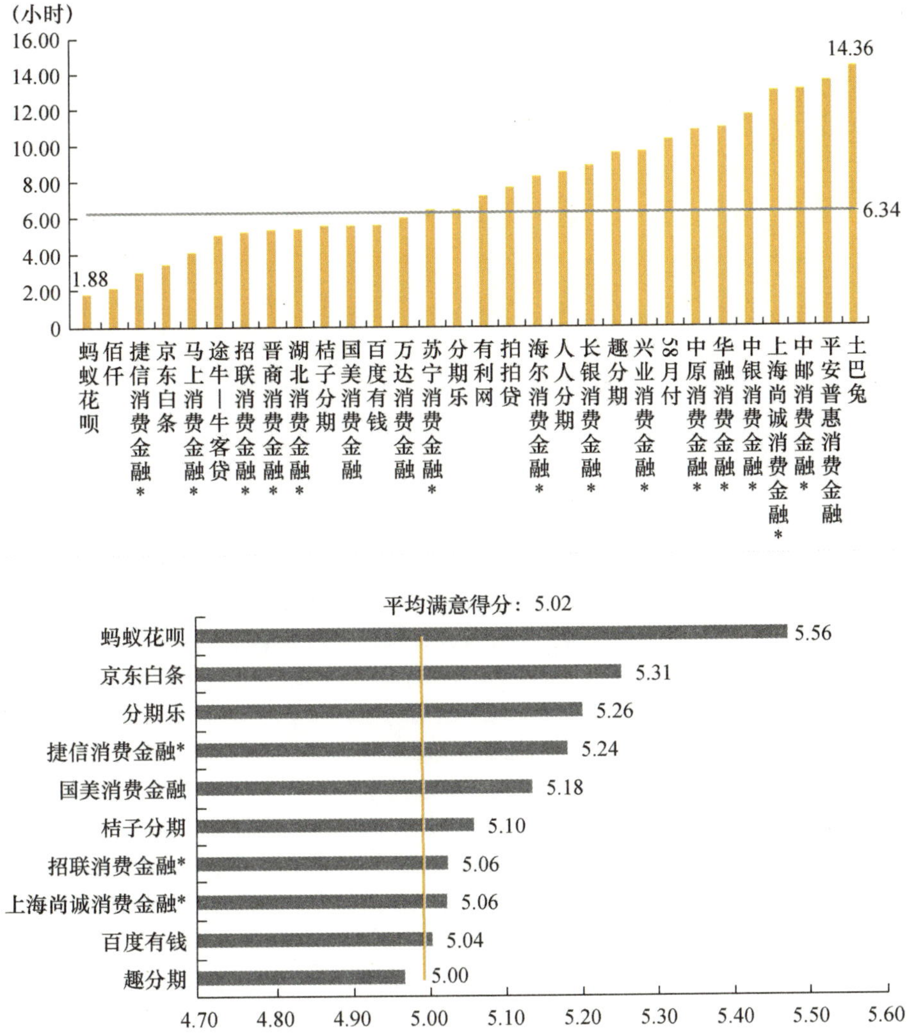

图 5－13　各品牌平均审批速度及审批速度满意度 Top10

4. 投诉受理情况

消费者投诉受理情况考虑各品牌投诉渠道数量、投诉渠道畅通性、投诉处理及时性以及投诉处理的满意程度四个方面，反映消费者对投诉受理情况的综合评价。如图 5－15 所示，在平均满意得分前五中，持牌机构占据四位，作为正规军，持牌机构在投诉服务上会提供更系统的体系。非持牌的消费金融品牌中，佰

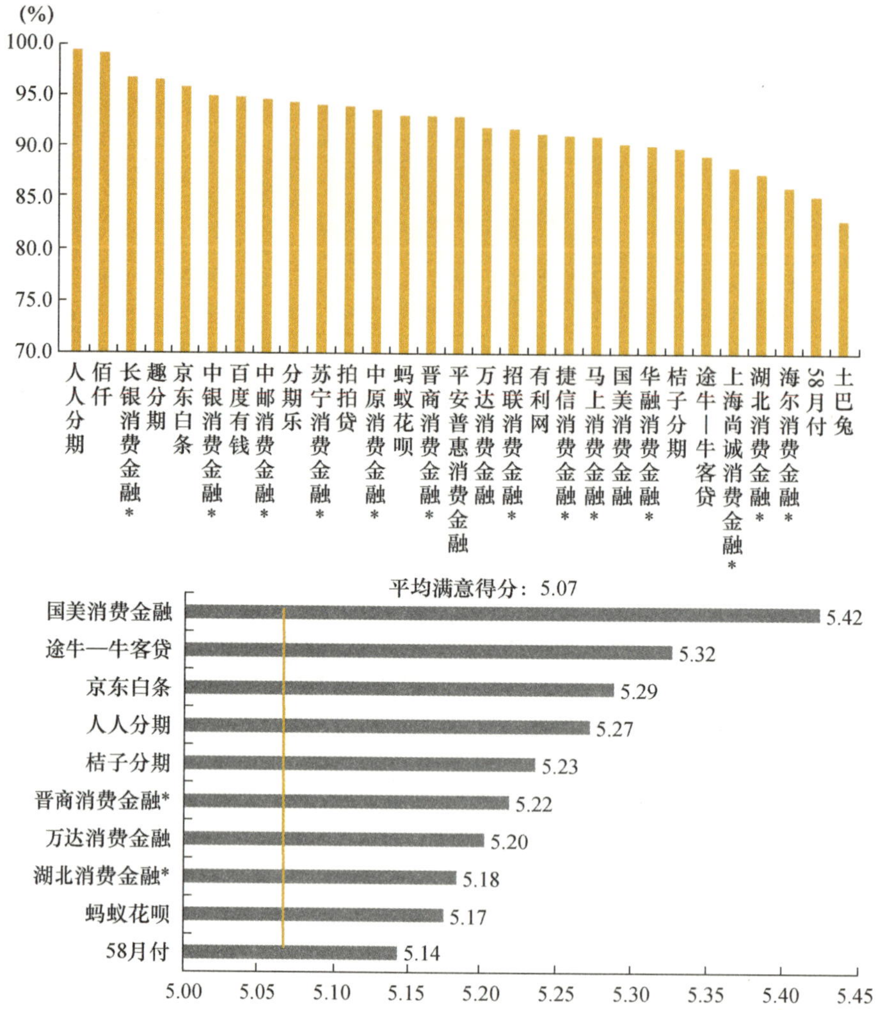

图 5－14　各品牌授信比例及授信比例满意度 Top10

仟表现突出，消费者对于其投诉渠道数量、投诉渠道畅通性、投诉处理及时性满意度较高。

5. 系统安全性

系统安全性包含认证过程的安全性和品牌的运行安全性。如图 5－16 所示，关于消费者对各品牌系统安全性的满意程度，58 月付和国美消费金融表现优异。

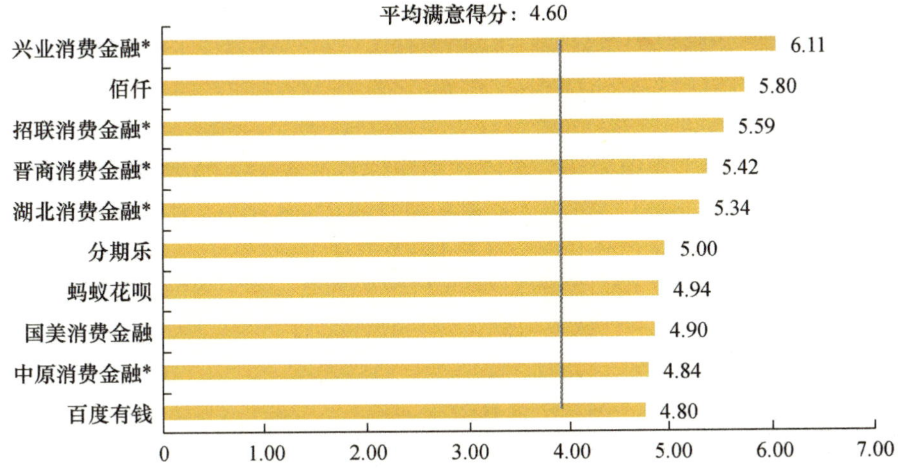

图 5－15　品牌投诉受理情况满意度 Top10

特别地，使用 58 月付的消费者对其运行安全性的满意度较高，平均满意得分为 5.54。此外，蚂蚁花呗和京东白条两大电商系平台也位列前五，消费者对其系统安全性同样比较放心。

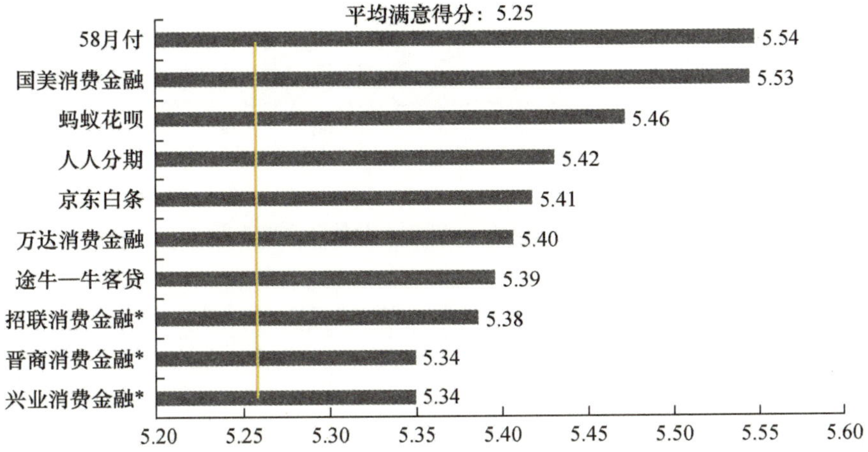

图 5－16　品牌系统安全性满意度 Top10

（三）品牌忠诚关键指标分析

1. 品牌忠诚细分指标策略分析

图5－17为品牌忠诚细分指标矩阵，图中综合地表示了品牌忠诚细分指标的重要性程度和满意度得分，其中品牌满意度、重复购买对综合口碑指数最为重要，对产品的敏感度指标相对来说重要程度较低。

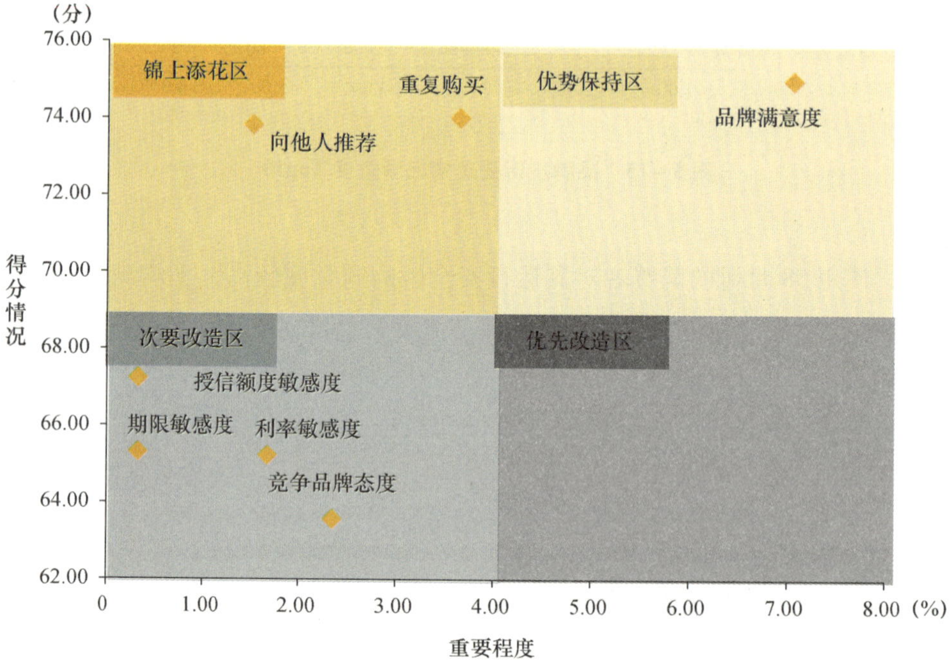

图5－17 2017年品牌忠诚质量得分矩阵图

较2016年而言，品牌忠诚指数下的细分指标中，各项细分指标都有一定程度提升，特别地，品牌满意度、重复购买、向他人推荐得分提高较多，说明消费者对正在使用品牌的忠诚度增加，不仅对品牌满意度提高，重复购买、向周围人推荐品牌的意愿也增加，反映出行业整体向好的方向发展、顾客黏性增加的现状。

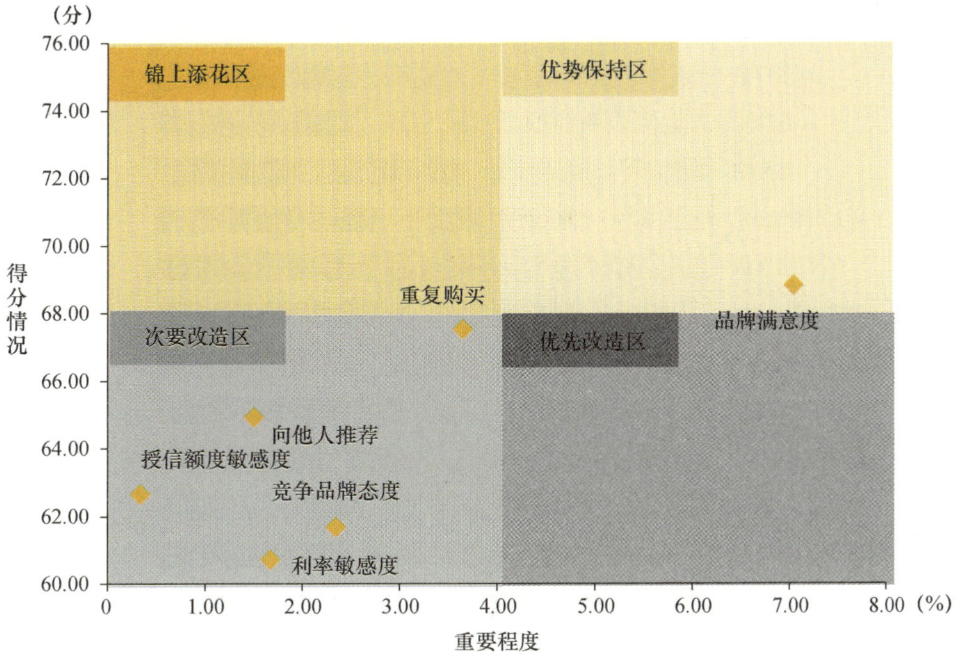

图 5-18　2016 年品牌忠诚质量得分矩阵图

2. 品牌满意度舆情情感分析

通过抓取消费者在全网对各消费金融品牌的评论并进行正负情感分析，我们可以得知各品牌的消费者满意度指标，这里我们选择了声量 Top20 的品牌分析。从图 5-19 可以看出，Top20 的品牌满意度正面评论的均值在 60% 以上，大多数消费金融品牌网络舆情中正向评论居多，消费者对消费金融市场的整体感知较好。具体看来，国美消费金融、中原消费金融、湖北消费金融、捷信消费金融的网络舆情正向评论占到 70% 以上，消费者满意度评价较高；而趣分期、桔子分期、华融消费金融的网络舆情正向评论在 Top20 声量品牌中占比相对较低。

3. 品牌感知质量细分指标对品牌忠诚的影响

将品牌忠诚与感知质量部分细分指标两两进行相关性分析，由图 5-20 可以发现，系统安全性、服务人员质量、隐私保护程度与品牌忠诚的关系都较为密切，

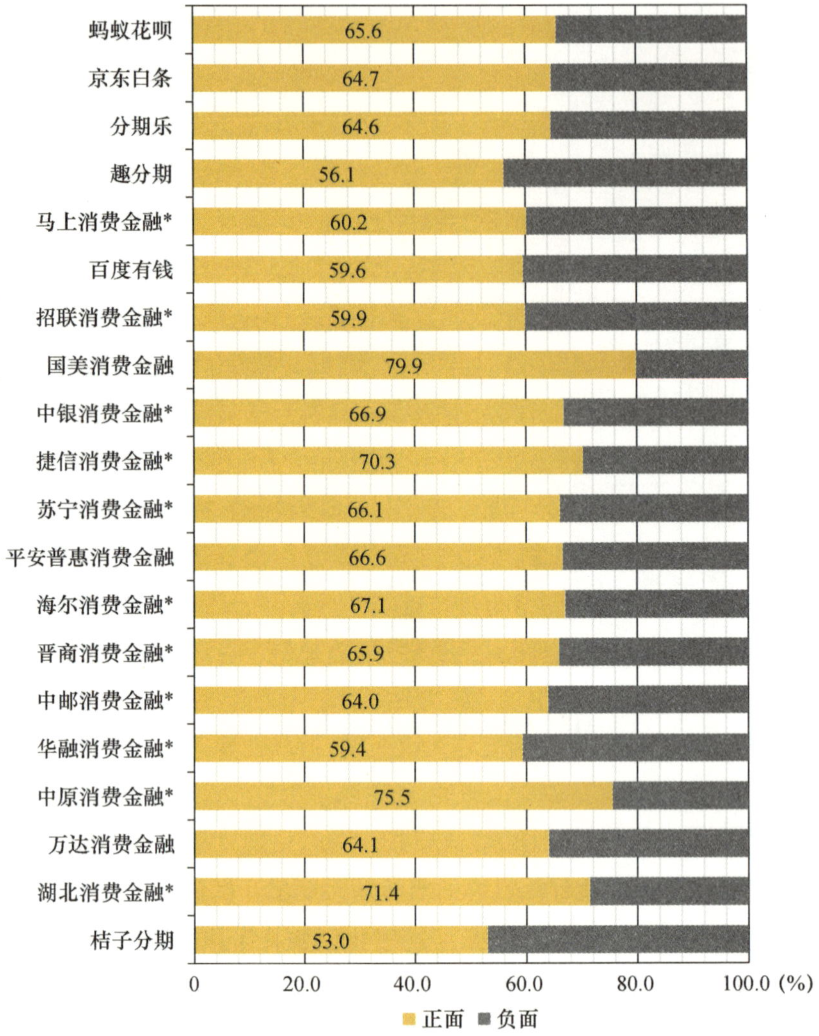

图 5－19　品牌满意度舆情正负情感分析 Top20

而贷款易得性则影响不大。企业在培养消费者忠诚度时可以从系统安全性、隐私保护程度、服务人员质量方面着手，如注重维护消费者信息和资金安全，为消费者提供更好的保障。

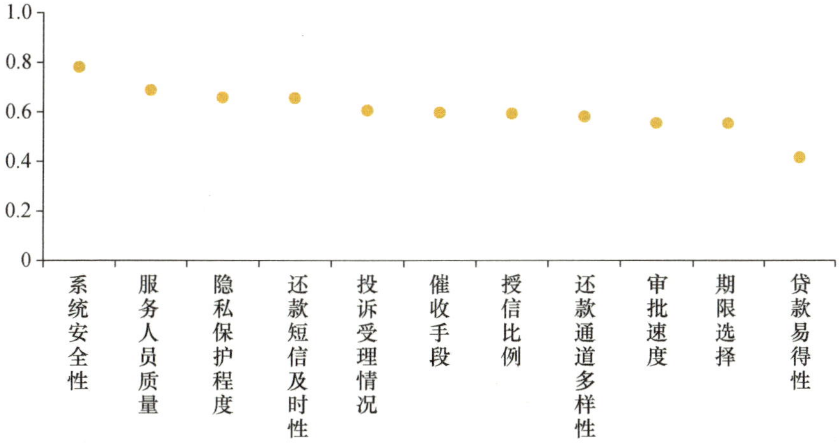

图 5-20 品牌忠诚与感知质量部分细分指标相关系数

四、典型品牌分析

（一）拍拍贷——2017 年品牌口碑表现较好，排名较 2016 年上升最快

1. 排名变化分析

作为国内最早成立的 P2P 网贷平台，拍拍贷在 2017 年消费金融品牌口碑指数中表现尤为突出，总排名第五，相较 2016 年排名上升了 19 名，分项指数品牌感知质量、品牌忠诚也分别上升了 7 名和 14 名。拍拍贷的各细分指标得分较 2016 年也有所升高，在利率水平、期限选择、个性化程度、授信比例上令消费者满意；平台安全性有所增强，隐私保护程度和申请消费金融产品认证的安全性提高；更重要的是，消费者对拍拍贷更加忠诚，重复购买和向他人推荐品牌的意愿更加强烈。

2. 品牌大事件

（1）进行消费金融战略调整，实施差异化定位、培育新生优质高黏性客群。

2014 年，拍拍贷做出拓展消费金融版图的调整，将客群定位于没有信用卡的消费人群，以“85 后”为主。之后，虽然拍拍贷的单笔借款金额在直线下降，但是用户量增长速度明显。截至 2017 年，拍拍贷的用户数已经突破 700 万人。2017 年上半年，拍拍贷服务的借款人群高达 23 万，占行业上半年总借款人数的 22%。如此庞大的客群也使得拍拍贷品牌认知指标得分较高，虽然排名在蚂蚁花呗、京东白条这些巨头之后，但在 P2P 中已经十分突出。

另外，拍拍贷明确的定位得到了“90 后”新生消费群体的青睐。在其新增的用户中，有超过 40% 的“90 后”客群。而这部分信用记录空白的年轻化群体，从一开始就在拍拍贷获得金融服务，随着借款人的成长，还款能力的提升，未来信用记录越好，借款成本就会越低，这大大增加了用户的黏性，也侧面反映出其品牌忠诚上升 14 名的原因。

（2）加大科技投入，建立大数据风控系统，构建信用评级体系。

2014 年 8 月，拍拍贷依托过去运营中逐渐形成的庞大数据库，开始建立自己的客户信用体系，推出魔镜信用评分模式，魔镜系统将根据用户的信息和行为数据进行大数据建模，为借款申请人打分，魔镜信用评分一共分为七个等级，不同评级的借款人在利率、服务费率方面都有所不同。对于信用级别较高的三类客户，可以享受更加优质、优惠的服务。其大数据风控系统能够有效提高借款效率，降低获客成本，在行业中已有一定的竞争优势。

（3）2016 年扭亏为盈，2017 年利润爆发性增长，于 2017 年 11 月 10 日正式上市。

成立于 2007 年的拍拍贷，相比其他消费金融公司，积累了 10 年的经验与技术，再加上消费金融领域战略的调整、版图的拓展、风控一体化的推进，成就其如今快速的发展态势。拍拍贷将私募融资基本都用于科技投入上，致力于“大数据征信”，从 2016 年起，数字化的指导开始得到回报，公司扭亏为盈实现净利润

5.015 亿元；自 2016 年银监会出台严格的监管细则后，许多竞争对手退出了市场，整合过后成熟、扩大的市场也为拍拍贷带来了更多用户，2017 年上半年净利润 10.486 亿元，盈利能力出现爆发式增长。

（二）国美消费金融——相比 2016 年各项指数排名进步大且 2017 年排名靠前

1. 排名变化分析

作为非持牌系消费金融品牌的代表，国美消费金融在 2017 年消费金融品牌口碑指数中表现较好，2017 年总排名第四，相较 2016 年排名上升了 9 名；分项指数品牌感知质量、品牌忠诚排名靠前，分别是第五名和第三名，并且相比 2016 年也都上升了 9 个名次。国美消费金融的各细分指标得分较 2016 年也有升高，消费金融产品的个性化程度有所提高，期限的选择更丰富，利率水平更低，在申请贷款时的授信比例也更高；平台安全性增强，消费者获得了更好的隐私保护和认证的安全性；消费者对品牌的整体满意度有所提高，并且可以发现国美消费金融 2017 年在同品类消费金融品牌中占据优势，消费者向其他品牌转移的意向降低。

2. 品牌大事件

（1）线上线下场景资源相融合，积极开拓消费金融领域，建成金融服务集团。

在电商巨头的冲击下，传统零售商们的盈利空间锐减，但以销售家电起家的国美不同，其在高单价的商品家电销售中叠加消费金融等金融业务，而金融业务反过来又能促进销售额，以此赢得新的增长点。国美消费金融先后上线了消费分期产品美易分、房产抵押贷款产品美易房和汽车消费分期产品美易车。在国美遍布全国 400 多个城市的近 1800 家门店中，“美易分”已逐渐嵌入其中。国美将金融产品嵌入消费场景，顺理成章地实现两者间的嫁接；同时，根据消费者喜好、行为等数据，有效加强对消费者需求的理解，依据金融产品使用者的购买特性和喜好来定制设计金融产品，更好地满足消费者的金融需求。遍布全国的线下门店配合优质的线上业务，成为国美消费金融的核心竞争力。此外，在 2017 年初，国美花费 7.2 亿元收购了一块支付牌照，这块牌照具备部分区域的预付卡和全国的互联网支付功能，这也是其为了朝着金融服务集团迈进所打下的坚实基础。

（2）数据驱动业务，技术改变金融。

近年来，风控技术在金融领域中越发重要。目前，国美消费金融致力于借助大数据等风控技术，在身份认证方面，通过人脸识别、虹膜技术能快速做出反应，并且解决传统金融机构在审核过程中需要交互时间，不能实时审核的问题。

国美消费金融的风控模型有两个比较突出优势：一是既有央行征信，又有大量独立的第三方数据。数据来源丰富，样本全面，为其大数据技术的实施奠定了基础。二是国美消费金融基于大数据技术，通过全方位的数据获取、积累，对用户进行全方位的画像，利用数据挖掘、机器学习等大数据相关的技术，在精准营销、风险管控和运营优化等方面都有全方位的提升，能最终实现为用户提供安全、便捷的服务体验。并且目前已建立罗盘用户洞察体系、水滴风险控制体系，极大地推进精准营销并完善风险管理机制。

（三）58 月付——新上榜中品牌感知质量、忠诚指数口碑较高的品牌

1. 排名变化分析

58 月付的口碑综合指数排名第十六，在新上榜品牌中排名第三，但其分项指数在所有品牌中极具竞争力，品牌感知质量指数排名第三，品牌忠诚指数排名第一。在细分指标中，首先，58 月付的服务人员质量得分较高，消费者对平台服务人员的态度、专业性、熟练性有较高的满意度；其次，平台给予用户放心、安全的消费环境，消费者对于平台的隐私保护措施，认证、运行过程中的安全保障较满意。58 月付在品牌忠诚方面表现尤为突出，首先是消费者对品牌的总体满意度较高，其次是消费者有极强的重复购买意愿，也愿意向他人推荐 58 月付。

2. 品牌大事件

（1）背靠强大的58集团，完善房产生态圈。

因背靠着58同城这个天然的租房场景，相比其他租房分期产品，58月付更具有平台流量大与用户资源广的独特优势。58同城、赶集、安居客三网合一，用户涵盖中高端租房人群，每天在平台上有将近3000万人在找房，接近2000万人在租房。千万级的数据流量，让品牌公寓方实现超低成本获客。在当前租售并举、租房品牌化的趋势下，58月付迎来了发展的大好时机。与单个租客不同，租房品牌化的运营模式对规模化经营的需求更大，资金周转慢、拿房压力大、扩张速度慢、管理效率低下等都是尚待解决的痛点。而58月付能够通过金融手段快速助其资金回笼，帮助其加快运营效率。58月付对58同城房产“生态圈”的平衡和完善起到了至关重要的作用。

（2）便民利民、风险可控，致力于租房场景下领先的消费金融品牌。

58月付平台流程简单，通过五步操作——“填写个人信息、根据额度寻找房源、填写租房信息、支付首付款、放款给房东”即可完成线上审核、线上放款，在2个工作日内到账。首付为押一付一，用户无须“押一付三”或“押一付六”，只需按月缴付房租，缓解了很多人的租房压力。在风控方面，58月付结合58同城平台信用体系，整合芝麻信用、腾讯、考拉、银联、平安等征信数据源，与多家第三方征信机构合作，采用双边风控模式。在场景对接方面，58月付真正做到了优质的“无缝”对接。58月付依托58集团为公寓方提供获客、拿房、金融、保洁等一站式的服务，为公寓企业提供拿房、装修、配置等资金周转服务。

（3）专注长租品质公寓，打造优质“一条龙”服务。

目前58月付进行升级，立志打造出“体验好、房源真、服务棒、全链条可追踪”的租房平台，让年轻人都能住上高品质的公寓，实现按月交付房租的轻松生活，目前58月付合作的房源均为国内专业运营的品牌公寓，58月付为每家合作的长租公寓开发了房管员APP，直接打通58同城与长租公寓的信息系统，为长租公寓提供一套完整的租房解决方案。这个链条包括“获客、入住、结算”全流程：从品质公寓频道获客、租客预约看房、不良租客筛选、入住分期付款到财务结算、付款催收等，并且这一系列后台流程均可以通过 APP 操作。

（四）中邮消费金融——持牌系消费金融品牌中相比 2016 年表现退步大

1. 排名变化分析

作为持牌系消费金融公司，中邮消费金融公司 2017 年的口碑指数得分较低，排名第 26 位，相比 2016 年下降了 14 名。分项指数中的品牌感知质量、品牌忠诚排名均在后五位，相较 2016 年分别下降了 11 名和 23 名。从细分指标可看出，消费者 2017 年在使用中邮消费金融时，对贷款流程的评价不高，贷款易得性得分、审批速度得分、还款短信通知及时性得分等都有所降低。在平台服务体验上，服务人员的整体素质以及投诉处理情况都没有 2016 年得分高。该品牌 2017 年的表现令消费者对品牌的整体满意度下降，重复购买和向他人推荐品牌的意愿下降，对品牌利率、期限、授信额度的敏感度升高，对品牌的忠诚度降低。

2. 品牌大事件

（1）全面综合发展，科技创新助力服务。

中邮消费金融一直在不断丰富自有渠道建设，目前已形成集 APP、支付宝、微信、微博等渠道为一体的线上业务，其中中邮钱包 APP 注册用户数已突破 100 万。中邮消费金融不断创新科技实力，优化智能服务平台，2017 年 10 月，中邮消费金融与邮政集团合作的首个客户数据资源整合利用项目——山西“数据实验室”项目宣布启动，依靠大数据来实现高质量的业务增长，更精准地挖掘客户需求。

（2）确立“3 + 3”战略，个性化产品服务体系保增长。

中邮消费金融目前已逐步确立“3 + 3”的经营发展战略，即将线上渠道建设、线下渠道拓展和大数据应用作为公司发展的三大引擎；将风险管理、IT 系统建设、员工队伍培养作为公司发展的三大支柱。针对不同客群需求创新开发三大产品体系：针对有大额信用贷款需求的客群的“邮你贷”，针对有快速消费需求的客户专设只需一张身份证即可完成申请的“邮你花”，针对装修/家居、教育/培训等各类消费场景的“邮你购”。

（3）消费者对品牌的负向感知。

1）借款利率不灵活。

此款产品与蚂蚁借呗、微粒贷、京东金条相似，但其借款利率却不够灵活，蚂蚁借呗、微粒贷、京东金条的日利率最高0.05%，个别用户可以低至0.03%。

据客服介绍，目前此款产品仅有两种类型：一种是普通用户，即自己注册申请借款的用户，此类用户借款额度最高2万元；另一种是受邀用户，即中国邮政储蓄的正式员工，此类用户借款额度最高20万元。

2）平台出现重复扣款、还款状态不更新并且处理不及时。

“还款日从我银行扣了一次款，到了第二日又扣了我一次款。打了很久的电话，接通之后告知五个工作日内会有工作人员联系我，但半个月了，没有任何的相关人员与我联系和说明情况。每次打电话过去，要么打不通；要么打通了，就是要我耐心等待，它们加急和催再登记，就是不处理问题。反正就是拖，感觉就是在诈骗，不遵守合约，然后紧拖着不解决问题，它们是不是在欺诈我们客户，深感怀疑。”

“中邮消费金融公司给我来电话，告诉我它们公司名字和银行对公账户，我在跟它们通完电话后，就去银行汇给它们了，让我多还129元，我还了4130元，是实时到账的！现在还是显示欠款！我钱已经还了，有汇款凭证，现在就是不处理。”

3）逾期费用太高。

“在中邮消费金融有限公司申请的‘邮你贷’，收取高额现金贷利息：逾期一天收取借款金额的5%，且不足50元按50元收取；如果换做年化收益率，已经超过456%，严重扰乱社会主义经济秩序，损害了社会主义国家的形象，且多次沟通无果。”

（五）马上消费金融——连续两年口碑指数排名后五位，表现无起色

1. 排名变化分析

马上消费金融口碑综合指数排名相较2016年下降4位，且在2017年所有上榜的消费金融品牌中排名最后，分项指标中的品牌感知质量、品牌忠诚均排名最后一位。马上消费金融2017年表现整体较差，体现在消费金融产品期限选择少，平台短信通知还款服务差，消费者对平台服务人员的态度、专业性和熟练性不满意，品牌不但频遭投诉，消费者对其投诉处理的情况评价不高。连续两年，马上消费金融在品牌感知质量指标上的排名都很低，直接影响到了消费者的切身利益，是导致品牌忠诚2017年大幅度下降的主要原因。消费者对品牌的整体满意度较低，重复购买和向他人推荐品牌的意愿下降，对品牌利率、期限、授信额度的敏感度升高，一旦有更合适的选择就会倾向于转向其他竞争品牌。

2. 品牌大事件

（1）善用现有资源，积极拓展消费金融领域，实现多方共赢。

马上消费金融推出了基于LBS的新版商品分期预约服务，用户要想挑选自己心仪的3C商品，只需通过马上分期APP，就可直接在手机上找到所在地附近的3C数码门店位置，还能直观看到商品供应以及促销打折情况。线上预约成功后，会有专属的人员对接服务。此外，商城基于LBS定位系统，进行线上预约，可将实体门店跟移动互联网紧密地联系在一起，这将会激发更多想法，从而实现消费金融、商家和用户的三赢局面。马上消费金融联合消费金融行业领先企业中邮消费金融和招联消费金融，共同发起对芝麻信用分用户的联合促销活动。凡芝麻信用分580分以上的用户均可以领取马上消费金融的优惠券，申请贷款额度最高5万元。由此，互联网企业强大流量与消费金融庞大的服务网络强强联合，产生叠加效应，激活了海量的客户。

（2）致力于自主研发，将科技视为核心竞争力。

马上消费金融正在自主研发全新的应用平台“马上金融区块链平台”，该平

台基于区块链技术，专注各种场景和资金端的合作。马上消费金融正在主动布局区块链技术，综合运用其他各类金融科技和机器学习技术，打造跨领域、多机构产业价值链接的开放平台。马山消费金融一直强调科技创新，目前已显成效，公司已经推出了一系列基于人工智能技术的自研系统：LUMA 风控系统、XMA 智能客服系统、G! COLO 智能催收系统等，实现了对全国用户贷款申请进行 7×24 小时不间断自动审批。而近日其自主研发和拥有知识产权的 FaceX 活体人脸识别技术 2.0 正式上线，识别精准度高达 99.99%，领先于国内同类的活体比对人脸识别产品。

（3）用户体验差，频遭投诉，惨遭罚款。

马上消费金融虽然在科技创新、自主研发上很有成就，但作为一个基于消费者的消费金融品牌，其在平台服务、平台安全、征信等方面的建设有所欠缺，2017 年初，作为持牌正规军的马上消费金融股份有限公司因违反征信业的相关条款，被罚款 39 万元。品牌在建立与用户的长期友好关系上做得不够，用户评价普遍不高，投诉和讨论多，大多围绕安全、信任等问题，包括消费者信息发生泄露、电话骚扰消费者、平台出现胡乱扣款行为、客服敷衍回答等一系列损害消费者利益的问题。

（4）消费者对品牌的负向感知。

1）平台重复扣款，未能给予处理。

“马上消费金融重复扣费 1003.73 元，账单无故多出 2032.84 元，打客服无人接听。”

“12 月 6 日我已经主动还款了 1073.28 元，实际还款日是 12 月 7 日，在我已经还款了的情况下又扣了我 1073.28 元，请给我一个解释，我要求退还款项。”

2）泄露消费者信息，损害其个人利益。

“本人从未在平台注册过账号，12 月 1 日芝麻授信突然多了马上消费金融的授权，本人也从未接收到验证码。目前怀疑是有人盗用我身份去马上消费金融公司进行贷款，因为考虑到这件事情会影响我的征信记录，影响我以后的贷款及信用。要求马上消费金融立刻停止对其放款，注销该账号，删除个人所有信息，停止损害消费者利益，加强对平台的管理，快速处理。”

3）电话骚扰消费者。

“我要投诉马上消费金融公司整天给我打电话，说是有人借了钱，写的紧急联系人是我，现在联系不上本人，就一天给我打电话，开会上班都打，还说不客气的话，说什么是不是200块都没有。再说不是我借的钱为什么我要还?！没一点素质，搞不清谁借的钱！接连不断打了几个月电话了，严重影响到我的日常生活，我要投诉它们！”

“马上消费金融公司从10月开始拨打本人手机号码，询问是否王××先生，本人与王××并不认识，已经向客服表达清楚，不认识他，但后面还是一直有电话拨打过来。也与此公司无任何业务联系，澄清后仍无效，对本人的工作及生活产生严重影响。”

（六）北银消费金融——2017年未进入前30名的持牌消费金融

2016年消费金融口碑综合指数排名第23位的北银消费金融在2017年没有出现在榜单上，这与其近几年来发生的一些事情密不可分。

2016年6月30日，北银消费金融曾因违规发放贷款等问题被北京银监局罚款150万元，引起行业哗然。

2017年9月1日，北京银监局公布了对北银消费金融公司的行政处罚信息，这是有史以来监管部门对持牌消费金融公司开出的最严厉的一张罚单。北银消费金融被罚900万元，同时对公司两名高管分别实施12年银行禁业和取消10年高管任职资格的处罚。处罚信息显示：北银消费金融有限公司贷款和同业业务严重违反审慎经营规则、超经营范围开展业务、提供虚假且隐瞒重要事实的报表、开展监管叫停业务等。

从同业业务来看，北京银行2017年年中报显示，北京银行与关联方北银消费金融进行同业拆借业务，报告期内，拆出资金为77.6亿元，期末余额为5亿元。这违反了《消费金融公司试点管理办法》第二十三条规定：消费金融公司同业拆入资金余额不高于资本净额的100%。

从超经营范围开展业务来看，此前，社会上针对北银消费金融的投诉和举报越来越多，最终引发银监部门介入。根据网络公开信息，许多受害者声称，他们在不知情或者被欺骗的情况下，被中介公司从北银消费金融申请了消费贷款，也就是“拉人头”贷款，此后被北银消费金融追债，乃至央行征信被影响。时至今日，网络上相关帖子仍不鲜见，百度贴吧上仍有人发出被骗经历。

一名受害者在北银消费金融百度贴吧发帖称：“手续只需一张身份证，其他资料全是假的就能贷款20万元，钱到账就被转走，现在逾期已经上征信。希望北银消费金融给个说法，被骗的留下联系方式。”受害者在聚投诉网站上写道：“北银消费金融公司与达内科技培训公司联合，后者以填写审核资料的名义欺骗我签订贷款协议，在我发现是贷款之后，曾向北银消费金融多次沟通说我没有去学习，应该找达内退还贷款，北银消费金融却回复说：‘无论学不学都是要还钱的，还钱和学不学没有关系。’后来在我停卡后还对我进行骚扰恐吓，说不给钱就上征信黑名单。”

消费金融行业发展迅猛，竞争十分激烈，各消费金融品牌在自我建设的同时，更应该以身作则，规范自身行为，严格依据法律法规行事，为社会营造健康、安全的消费环境。

五、本章小结

（一）电商品牌优势明显，新上榜品牌表现可圈可点，极具竞争力

蚂蚁花呗、京东白条两个电商品牌优势明显，不仅口碑综合指数得分高，分

项指数得分同样领先，消费者的品牌感知质量得分、品牌忠诚得分高，消费者的认知度也最高。新上榜的品牌，如 58 月付、桔子分期等，为消费金融使用者提供了较好的品牌使用体验，并且消费者对这类品牌的忠诚度足够高，如今，这类品牌应更多地重视自身品牌的推广与传播，提高品牌自身的认知度，以获得更多优质的客户。

（二）贷款服务还需优化，产品期限还需丰富，品牌建设还需从多方面努力

细分指标表现方面，消费者对服务人员质量、品牌系统安全性的满意度最高，而催收手段、期限选择、投诉受理情况以及贷款易得性的平均满意得分较低。其中，蚂蚁花呗在贷款审批服务方面表现较好，其贷款易得性和审批速度令消费者们满意；贷款授信方面，人人分期的授信比例最高，授信满意度排名靠前；在投诉处理方面，作为正规军的持牌系消费金融品牌表现较好，能为消费者提供更令人满意的投诉处理服务。行业整体需优化贷款审批流程，提供更人性化的还款服务，优化投诉受理渠道，为用户创造更为便利的消费环境，从而促进行业的良好发展。

（三）消费金融市场整体令消费者满意，但各品牌差异不明显，产品敏感度不高

消费金融品牌的网络舆情满意度评论以正面评论为主，满意度正面评论比例的均值在 60% 以上，消费者对消费金融市场的整体感知较好。其中，国美消费金融、中原消费金融、湖北消费金融、捷信消费金融的网络舆情正向评论占到 70% 以上，消费者满意度评价较高；而趣分期、桔子分期等的网络舆情正向评论占比相对较低。消费金融行业中，消费者对消费金融品牌的满意度高，重复购买和向他人推荐的意愿得分也高，但消费者对品牌消费金融产品较为敏感，也即消费者对品牌的黏性不高，若有某品牌能提供更高的授信额度、更优惠的利率、更多样的期限选择，消费者会随时向其转移。各品牌应充分挖掘优势，寻找自身区别于其他品牌的独特之处，重视顾客黏性的培养。

（四）消费金融品牌在品牌知名度建设、消费者服务提升两方面没能兼顾

品牌感知质量和品牌忠诚呈现一定正相关关系，但品牌认知与品牌感知质量和品牌忠诚得分并无明显关系。一是反映了当今消费金融市场上大部分高知名度品牌实际服务质量不尽如人意、消费者评价不高的现状；二是为那些能提供优质服务的品牌提供发展方向，可适当在推广与传播方面加强建设。

将品牌忠诚与感知质量部分细分指标两两进行相关性分析，可以发现系统安全性、服务人员质量、隐私保护程度与品牌忠诚下细分指标的关系都较为密切，而贷款易得性则影响不大。企业在培养消费者忠诚度时可以从系统安全性、隐私保护程度、服务人员质量方面着手，如注重维护消费者信息和资金安全，为消费者提供更好的保障。

（五）消费金融市场更新快，品牌应全面发展，忽略任何环节都会使其落后

蚂蚁花呗、京东白条连续两年都位居中国消费金融品牌口碑指数前列，消费金融品牌口碑指数与其他品牌有很大差距；苏宁消费金融、中银消费金融两年的综合口碑指数表现稳定，排名都靠前。拍拍贷在 2017 年实现利润大涨，品牌认知度、客群忠诚度提高，相较于 2016 年排名上升十分明显。国美消费金融因其为消费者提供的优质服务，品牌整体的感知质量满意度、品牌忠诚有所提高，排名上升也较大。

2017 年总共新上榜了 9 个品牌，它们在品牌质量建设方面颇有成效，竞争力不容小觑。令人遗憾的是，2017 年也有少数品牌口碑综合指数得分不尽如人意，中邮消费金融相较 2016 年退步较大，而 2016 年在榜的北银消费金融于 2017 年没能继续进入榜单。如今，消费金融行业高速发展，市场日新月异，品牌建设应该关注到方方面面，既要注重企业利润，也应该重视经营与消费者的关系，以实现长远的发展。

第六章　消费金融使用者洞察

本章主要洞察消费金融使用者的特征。我们分析了不同群体使用消费金融品牌的时间长短和次数差异、品牌认知渠道和品牌知晓情况的认知差异、使用消费金融品牌和使用目的的使用差异，了解消费者的消费偏好。另外，通过审批服务、贷款利率等品牌感知质量细分指标，通过品牌满意度、重复使用等品牌忠诚细分指标与人口属性的交叉，分析消费者的品牌体验和忠诚现状，同时通过回归进一步考察了影响其品牌体验和感知的主要因素。最后本章用聚类的方法给出使用消费金融的五类典型人群，对各部分人群的利率和收入特征做了说明。

一、消费者使用时间与次数分析

本次调查的受访者均有消费金融品牌的使用经验，如表6－1、表6－2所示，60%以上的受访者使用消费金融品牌超过一年，80%以上的受访者至今使用过消费金融品牌的次数在2次以上。

从不同群体消费金融品牌的使用情况上看，女性群体仅使用过1次消费金融品牌的人数占比多于男性群体，使用次数超过10次的人数少于男性群体，总体上，

表 6－1　消费者使用消费金融品牌次数

使用次数	样本占比（%）
1 次	19.9
2～5 次	48.8
6～9 次	12.2
10 次及以上	19.1

表 6－2　消费者使用消费金融品牌时间

使用时间	样本占比（%）
半年以下	16.9
半年到一年	19.4
一年到两年	26.0
两年以上	37.7

女性群体使用消费金融品牌的次数少于男性，如图 6－1 所示；三线城市消费者使用消费金融品牌的次数低于一线、二线城市，使用次数小于 5 次的居多，如图 6－2所示；18～24 岁的消费者使用消费金融品牌的经验分布较为平均，不同使用时间下的人数相差不大，可知这个群体由于自身原因使用消费金融品牌的差异较小，而对于 25～34 岁、35～49 岁这两个群体，使用消费金融品牌的经验较为丰富，近 80% 的人使用消费金融品牌超过一年，是消费金融品牌使用的主力军，如图 6－3 所示。

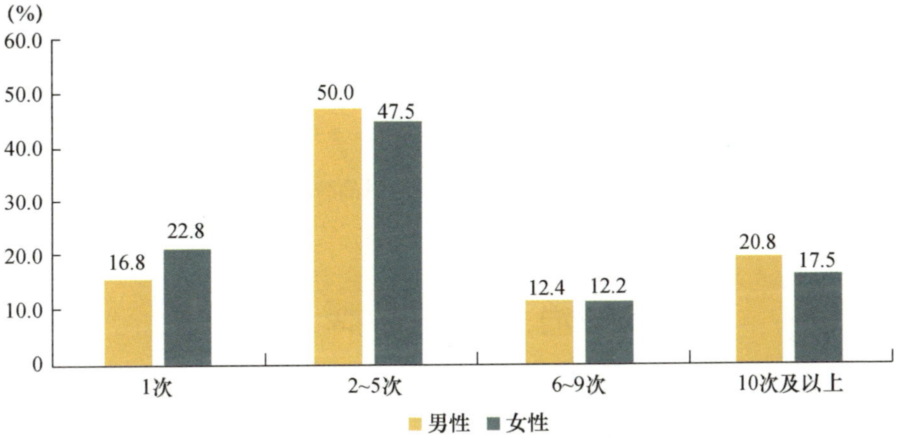

图 6－1　男性、女性消费金融品牌使用次数情况

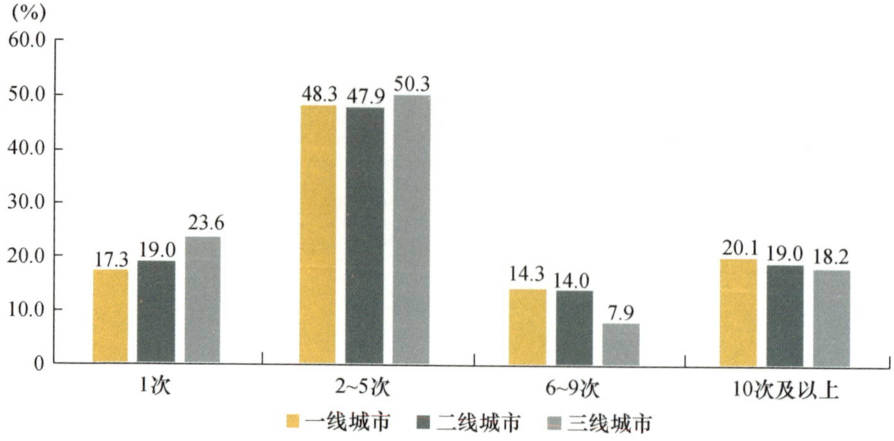

图6－2　不同级别城市群体消费金融品牌使用次数情况

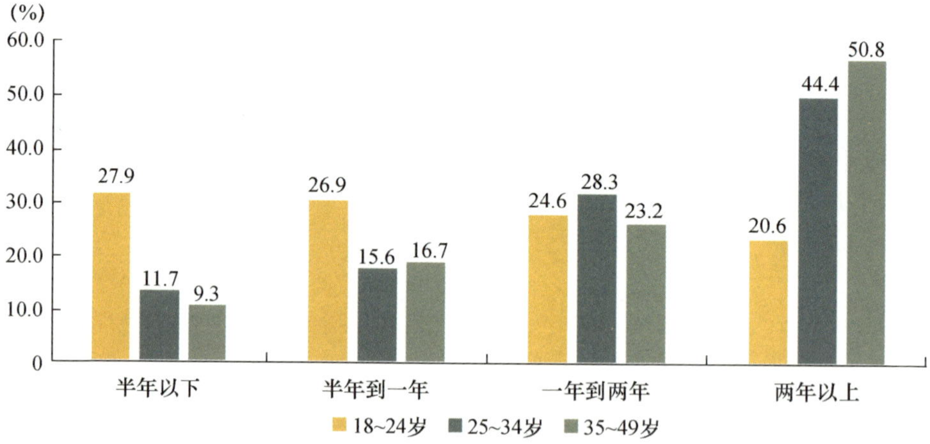

图6－3　不同年龄段群体消费金融品牌使用时间情况

二、不同消费者的品牌认知分析

（一）不同群体品牌认知渠道

消费者的消费金融品牌认知渠道主要有8个，如图6－4所示。总体上，被使用最多的认知渠道是通过亲戚、朋友等介绍，占比为44.4%；通过财经、金融类网站/APP以及购物平台捆绑得知的占比也较大，均达到30%以上。细分人群之后发现，大多数特征人群认知渠道的情况和总体一致，且认知渠道位列前三的均为通过亲戚、朋友等介绍，通过财经、金融类网站/APP以及购物平台捆绑得知。

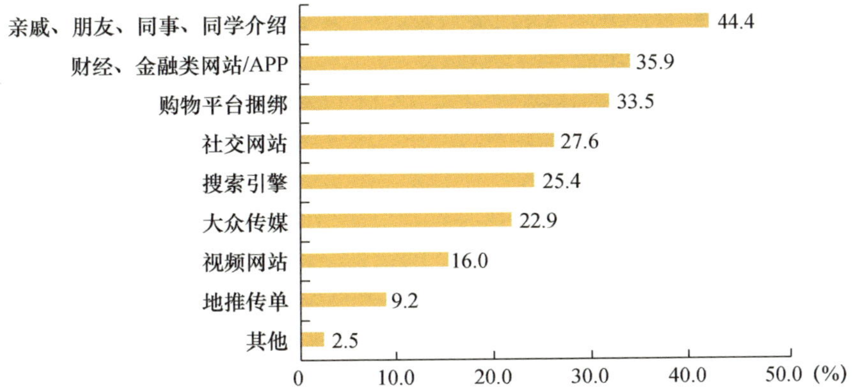

图6－4 消费者品牌认知渠道统计

对细分人群的消费金融品牌认知渠道进行对应分析，由图6－5可知，一线城市的消费者、男性消费者、25～34岁的成年消费者大多通过财经、金融类网站/APP，社交网站，搜索引擎等互联网平台了解消费金融品牌；相对而言，二线、三线城市的消费者、女性消费者、18～24岁的年轻人则更多通过亲戚、朋友等的介绍以及购物平台捆绑等渠道接触到消费金融品牌。

从消费者的职业看，如图6－6所示，由于不同职业的消费者有不同特征，他们所处的环境各异，故其消费金融品牌的认知渠道也有一定区别：学生对于消费金融品牌的认知主要来自亲戚、朋友等介绍，企业普通职员和教师则主要来自购物平台捆绑，白领和企业中层管理人员更倾向于从垂直媒体、搜索引擎处获得信息。

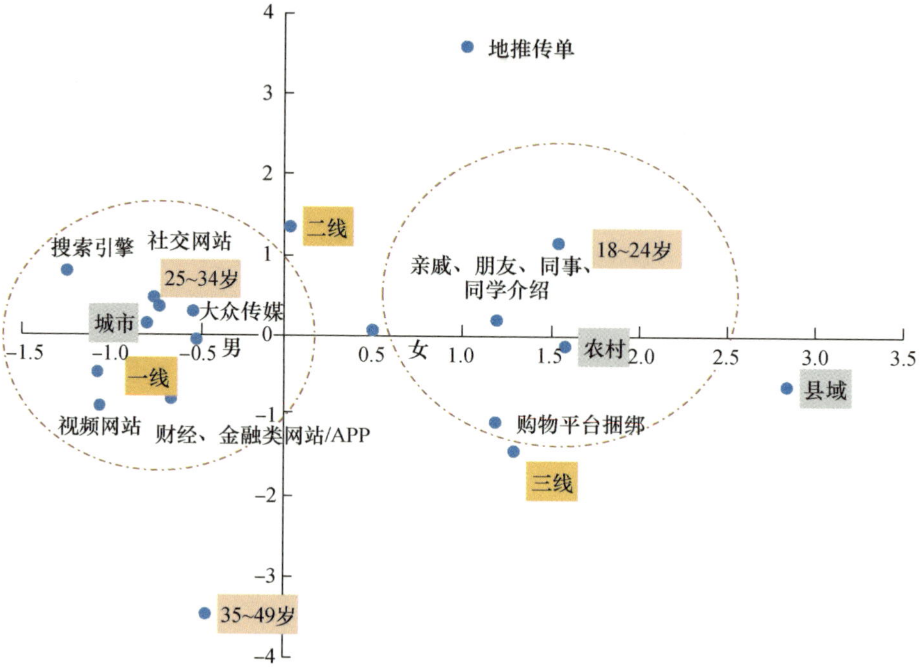

图6-5 不同人群消费金融品牌认知渠道对应分析

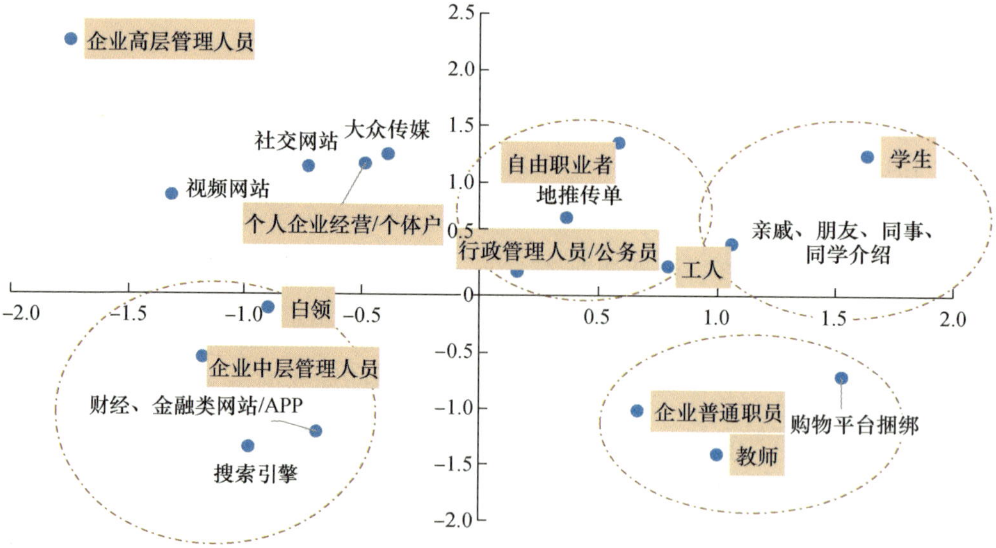

图6-6 不同职业的人群消费金融品牌认知渠道对应分析图

虽然不同特征群体由于各种因素导致其消费金融品牌认知渠道不同，但通过亲戚、朋友等介绍的渠道认知品牌的人数均为第一，可知当今消费者更多地相信周围对消费金融品牌熟悉的人的介绍，也从侧面反映了消费金融品牌口碑传播的重要性。

（二）不同群体品牌知晓情况

由表6－3可知，参与调查的消费者中，二线城市平均知晓消费金融品牌数为9.1个，2017年使用的消费金融品牌数平均为3.7个。结合人口属性发现，消费者所处城市级别、从事职业对其消费品牌知晓、使用有影响，而性别因素影响较小。

从城市级别看，消费者所在城市级别越高，其知晓和使用的消费金融品牌越多，且一线城市品牌知晓数、品牌使用数均高于总体平均值，而二线、三线城市均低于总体平均值；从职业上看，企业中层、高层管理人员和白领等的品牌知晓数、使用数高于总体平均值，工人、学生、专职主妇的低于总体平均值（见表6－3、表6－4）。

表6－3　不同城市级别群体消费金融品牌知晓、使用情况　　单位：个

城市级别	使用的品牌数	知晓的品牌数
一线城市	4.0	9.8
二线城市	3.7	9.1
三线城市	3.3	8.3

表6－4　男性、女性消费金融品牌知晓、使用情况　　单位：个

性别	使用的品牌数	知晓的品牌数
男性	3.7	8.7
女性	3.7	9.5

表 6 –5　不同职业群体消费金融品牌知晓、使用情况　　　　单位：个

职业	使用的品牌数	知晓的品牌数
企业高层管理人员（副总经理、厂长以上）	6.0	14.0
企业中层管理人员（部门经理/科级/主管级）	4.6	10.7
白领	4.4	10.4
个人企业经营者/个体户	4.2	9.4
自由职业者（艺术家/自营业的医生等）	3.9	9.9
行政管理人员/公务员	3.6	9.2
教师	3.4	7.4
企业普通职员	3.1	8.1
工人	3.0	7.5
学生	2.8	7.8
专职主妇	2.6	7.5

三、不同消费者的品牌使用分析

（一）不同性别消费者品牌使用情况

蚂蚁花呗、京东白条、中银消费金融均位列男性、女性使用品牌前列，苏宁消费金融、百度有钱、万达消费金融均出现在男性、女性使用品牌的前十中；并且男性由于风险承受能力较大，在选择品牌时会更多地考虑 P2P 品牌，除了三大巨头之外，拍拍贷所占比例较为靠前，而较为保守的女性消费者则更偏向于选择持牌系的消费金融品牌。此外，男性更偏向于使用持牌消费金融品牌中的招联消费金融、上海尚诚消费金融，女性则更偏向于捷信消费金融、中原消费金融（见图 6 –7）。

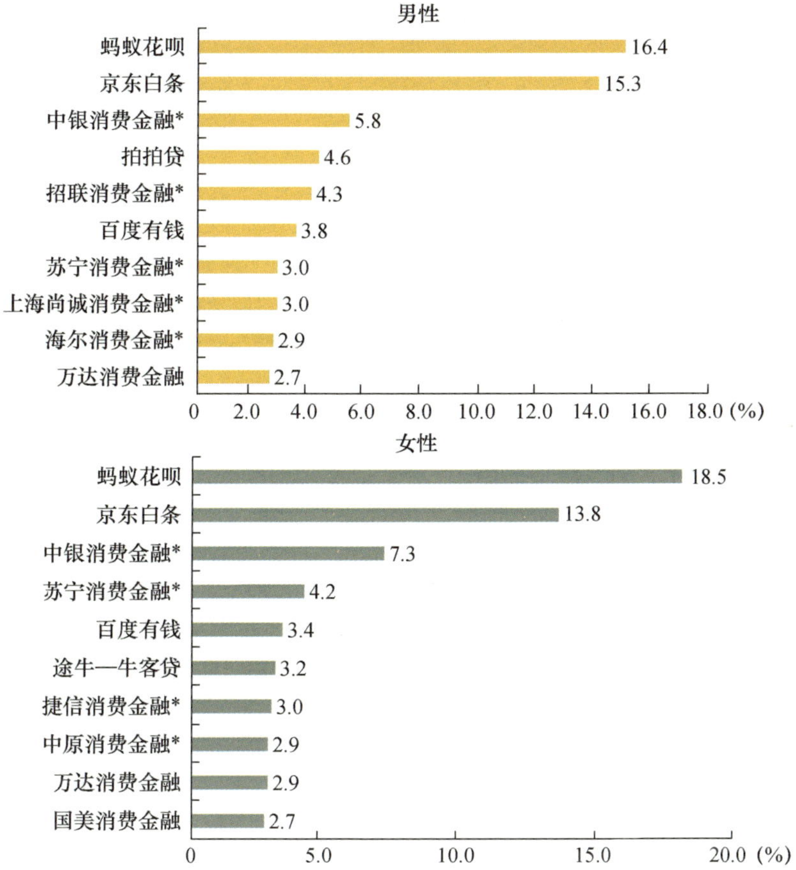

图6－7　男性、女性消费金融品牌使用前十情况

（二）不同使用时间消费者品牌使用情况

蚂蚁花呗和京东白条在不同消费金融使用时间人群中占比强势，但随着使用时间的增加，其所占的比例在减小；相反，平安普惠消费金融、苏宁消费金融等品牌所占比例却在增加（见图6－8）。这反映出消费金融使用时间较少的群体更倾向于选择市面上广为流传的品牌，但随着消费者使用时间的增加，接触了解到更多消费金融品牌之后，对消费金融品牌的选择会更具针对性，考虑会更周全。

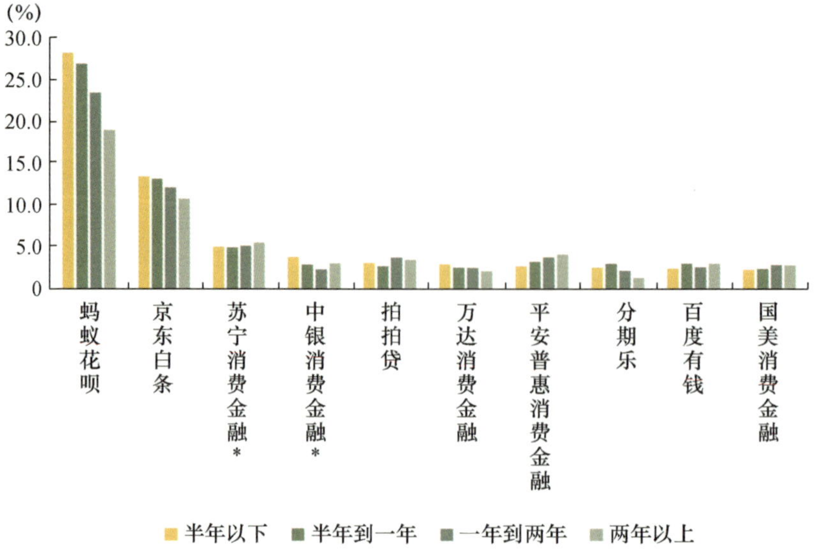

图6－8　消费金融品牌使用总量前十品牌在不同使用时间人群中的使用情况

（三）不同职业消费者品牌使用情况

学生、教师群体使用最多的消费金融品牌是蚂蚁花呗，其次才是京东白条，可以看出这两个群体在使用同是典型购物分期的消费金融品牌时更倾向于蚂蚁花呗（见图6－9）。分期乐也是这两个群体使用得较多的消费金融品牌。学生群体更加保守，风险承受能力低，倾向于选择持牌系消费金融品牌。另外，教师使用的消费金融品牌中有更多与家电相关的品牌，如国美消费金融、海尔消费金融。

相比学生、教师群体而言，企业普通职员、企业中层管理人员在使用同是典型购物分期的消费金融品牌时更倾向于京东白条（见图6－10），可以看出不同职业群体存在不同的消费金融品牌偏好，也在一定程度上反映出京东品牌定位更高端，更加符合公司职员的需求。而在P2P消费金融品牌的选择中，这两个群体更倾向于选择拍拍贷。

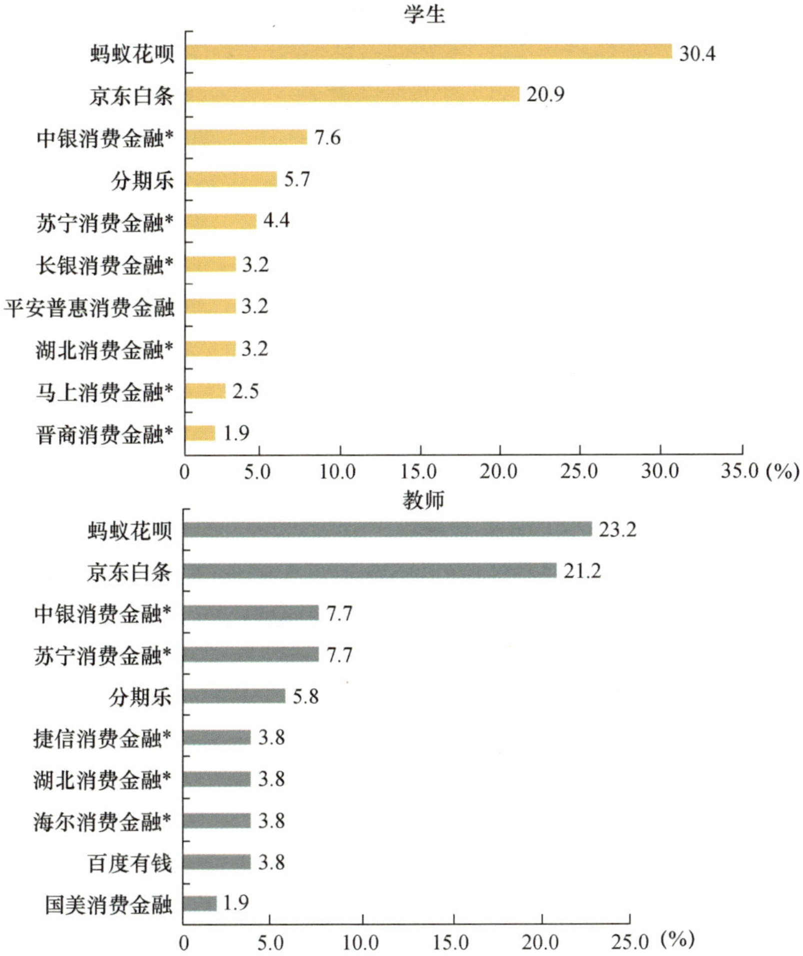

图 6－9　学生、教师群体使用量前十的消费金融品牌

与以上相对具有代表性的群体相比，企业高层管理人员使用的消费金融品牌中典型的购物分期品牌占比明显下降，表现为没有使用京东白条，使用蚂蚁花呗的人数也减少了（见图 6－11）。相比学生、教师，招联消费金融成为企业工作人员普遍的消费金融品牌使用对象。

（四）品牌使用情况对应分析

如图 6－12 所示，一线城市的消费者会在消费金融品牌选择中更倾向于京东白条、中邮消费金融、招联消费金融，另外百度有钱和拍拍贷也深受青睐。

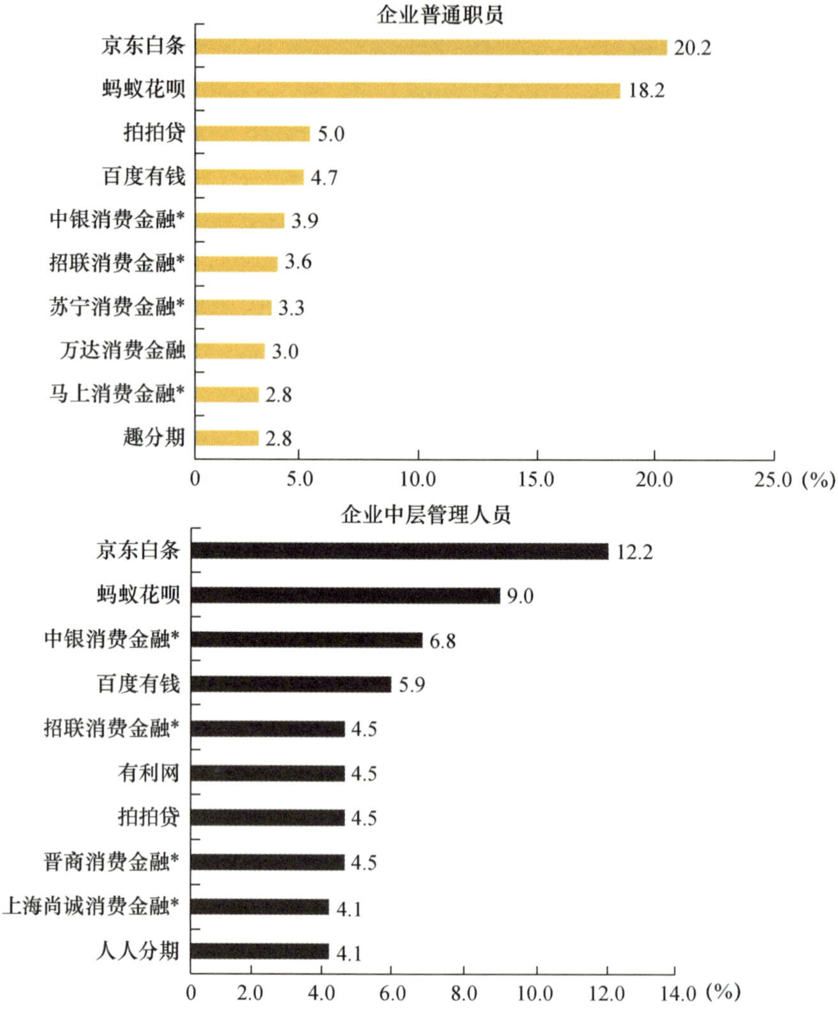

图 6-10　企业普通职员、企业中层管理人员使用量前十的消费金融品牌

相比城市中的消费者，农村群体会更多地选择以分期乐、佰仟、捷信消费金融为代表的非持牌消费金融品牌，这些品牌的下沉能力较强。

18~24 岁的年轻群体会更多地选择以趣分期、分期乐等面向大学生提供分期消费的金融服务平台。

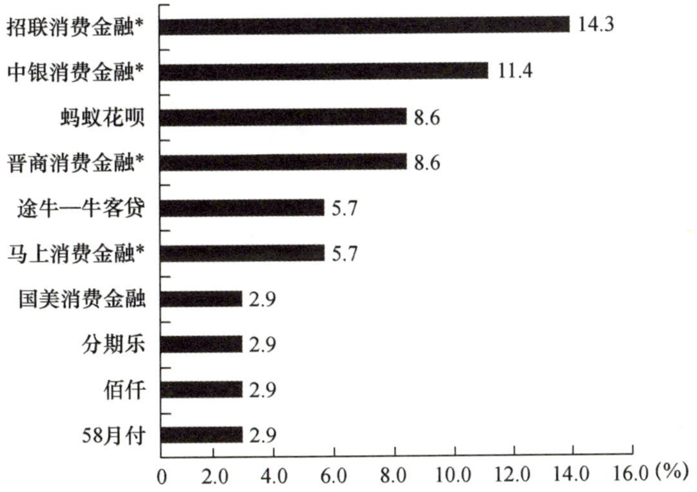

图 6－11 企业高层管理人员使用量前十的消费金融品牌

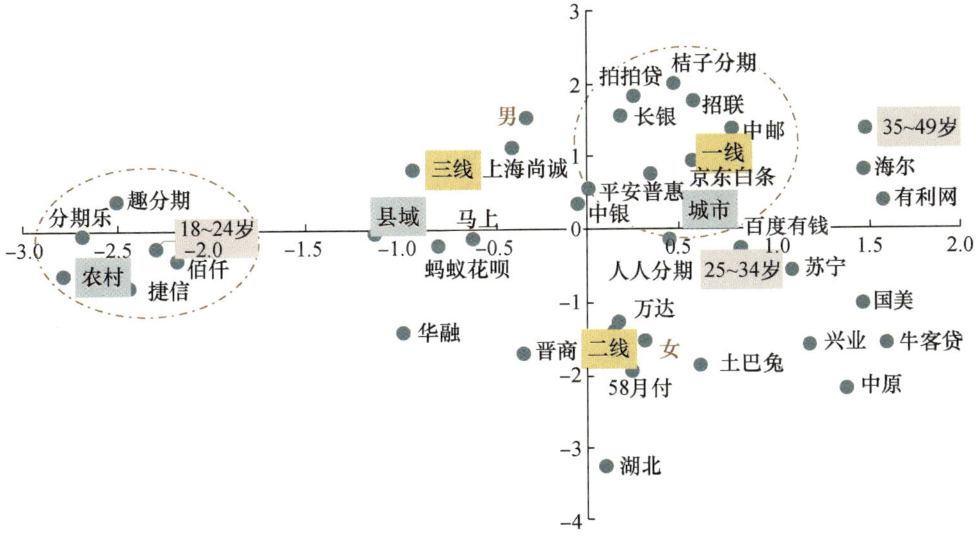

图 6－12 品牌使用情况对应分析图

（五）消费者消费金融使用目的分析

本次调查将消费金融使用目的分为家庭消费和个人消费，其中女性消费者出于家庭消费目的使用消费金融的比例大于男性，男性更倾向于使用消费金融来进行个人消费，如图6-13所示；随着年龄的增加，消费者使用消费金融来进行家庭消费的比重增大，消费者的金融需求发生变化，从个人消费逐渐转换为家庭消费，如图6-14所示；消费金融使用时间较少的人群在使用消费金融品牌时，更多出于个人消费目的，而那些长期使用者会更多地考虑家庭的因素，如图6-15所示。

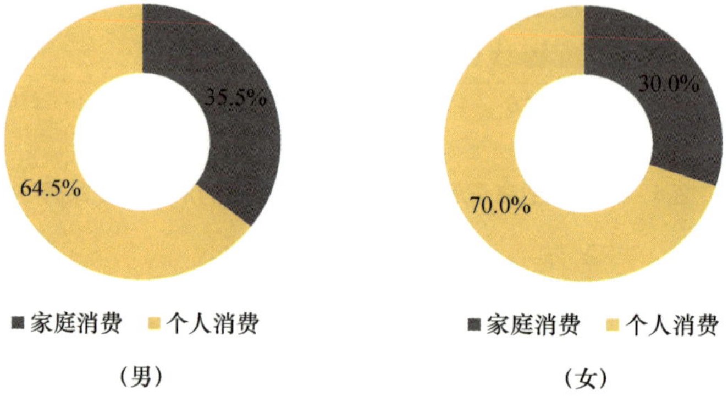

图6-13　男性、女性消费金融使用目的对比

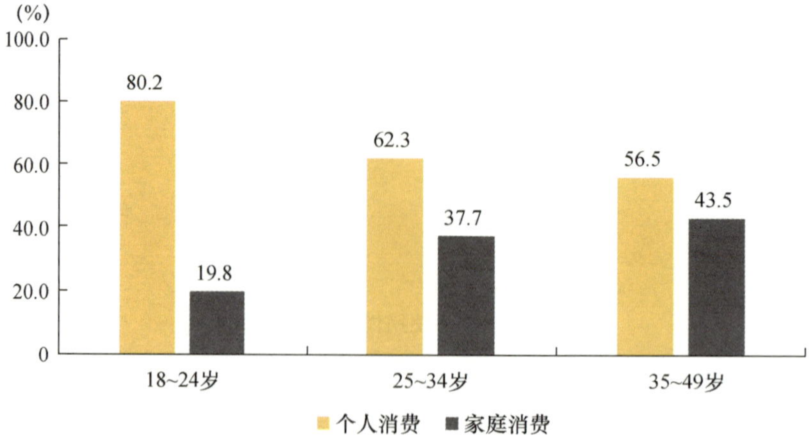

图6-14　不同年龄群体消费金融使用目的

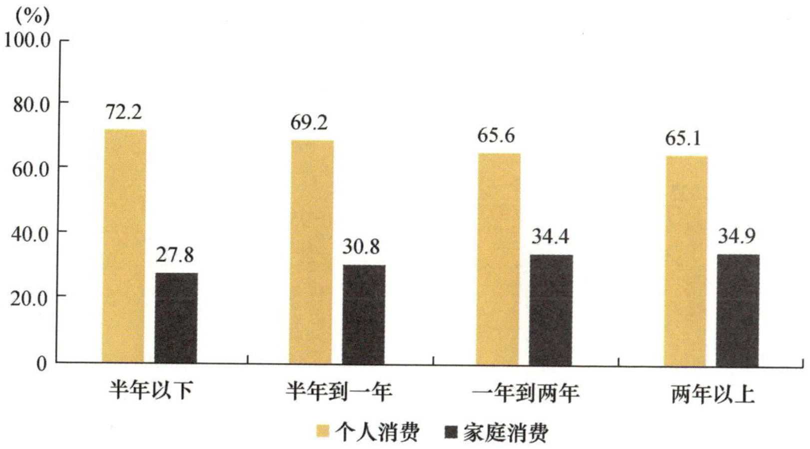

图 6－15　不同消费金融使用时间人群消费金融使用目的

四、不同消费者的品牌体验分析

（一）审批服务

结合受访者职业特征，企业高层管理人员、企业中层管理人员、行政管理人员/公务员以及白领的平均审批额度较大，均在 10000 元以上，并且这部分群体具有工作稳定、收入较丰厚的特征，授信比例也相对高，均在 85% 以上；除了白领对授信额度的满意度比较低外，行政管理人员/公务员、企业中层管理人员、企业高层管理人员的平均满意度都比较高（见图 6－16、图 6－17）。工人群体授信比例仅为 79. 4%，但平均满意得分偏高，从审批额度满意度的角度，各品牌可以考虑给予工人群体更大的授信额度。个人企业经营者/个体户、学生群体的平均审批额度不高，授信比例虽然较高，但对授信额度的满意度偏低，可以考虑结合客户逾期和客户忠诚度等情况为该部分群体提供更好的服务。

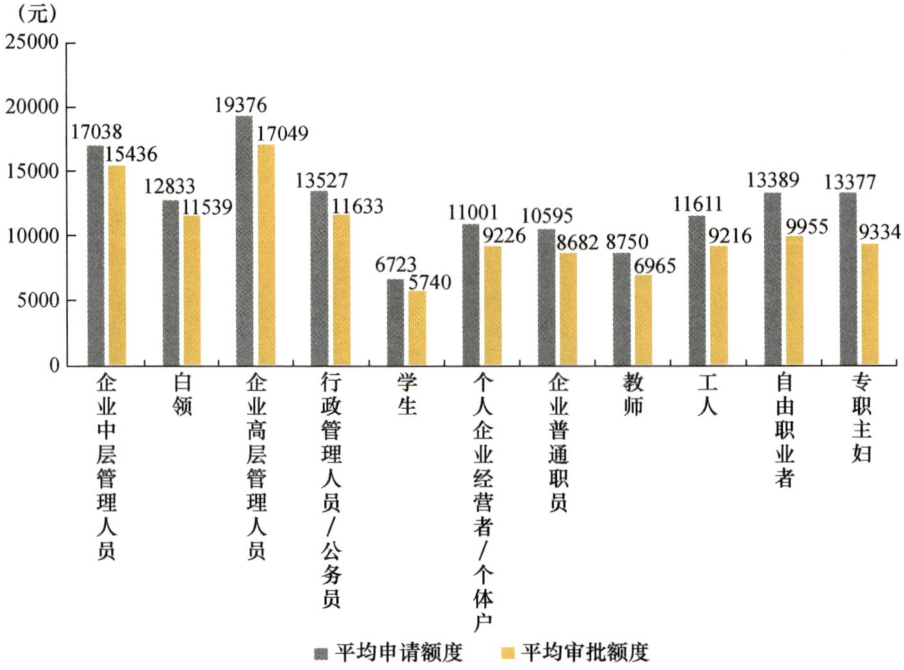

图6－16　不同职业人群申请额度及审批额度

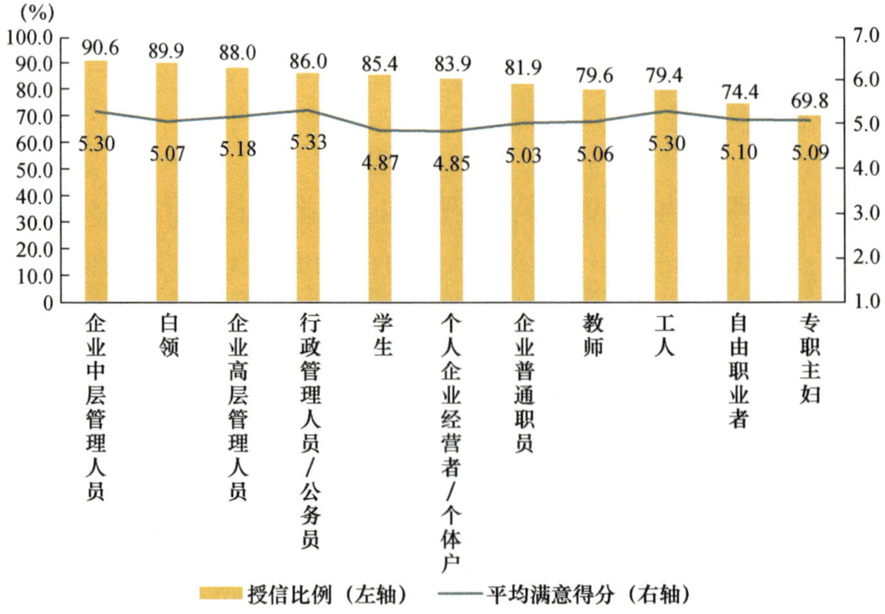

图6－17　不同职业人群授信比例及授信额度满意度

（二）贷款利率

关注消费者使用消费金融产品的年化利率选择，约31.4%的受访者选择年化利率为0～10%（不包含零利率）区间的产品；而19.4%的受访者表示不清楚，不关心利率；12.2%的受访者称不清楚，只被告知月/日利率（见图6－18）。可以看出，仍有较大一部分群体对利率不够敏感，可能间接导致逾期等问题，进而使得他们整体的消费体验满意度降低。另外，由图6－19可知，从消费者分布城市可以看出，三线城市群体中不清楚，不关心利率及只被告知月/日利率的人数总和占比达41.1%，均高于一线、二线城市。相比而言，一线城市和二线城市群体会更加关心其选择的消费金融产品利率，并且他们在产品利率的选择上更为丰富，这可能是因为发达城市的消费者消费能力较高，掌握了更多的消费金融信息，对消费金融产品的利率会更加了解。

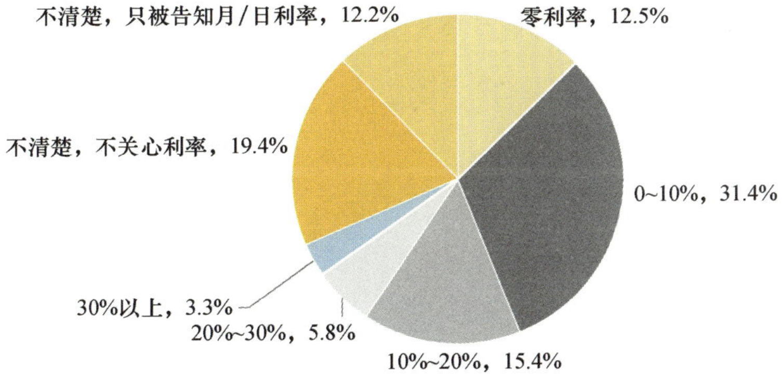

图6－18　使用消费金融产品的年化利率

结合消费者职业属性，工人、专职主妇、学生群体对利率的认识比较淡薄，不清楚利率的群体比例均在总体平均水平以上，如图6－20所示。结合消费者年龄属性，18～24岁的年轻群体，不清楚且不关心利率的达25.3%，只被告知月/日利率的为13.8%，相比其他年龄段占比最大，如图6－21所示。

结合消费者消费金融使用次数属性，使用次数为1次和10次及以上的消费者中不清楚且不关心利率的人数占比分别为26.1%、19.8%，比例较其他使用次数的消费者相对较大，如图6－22所示。

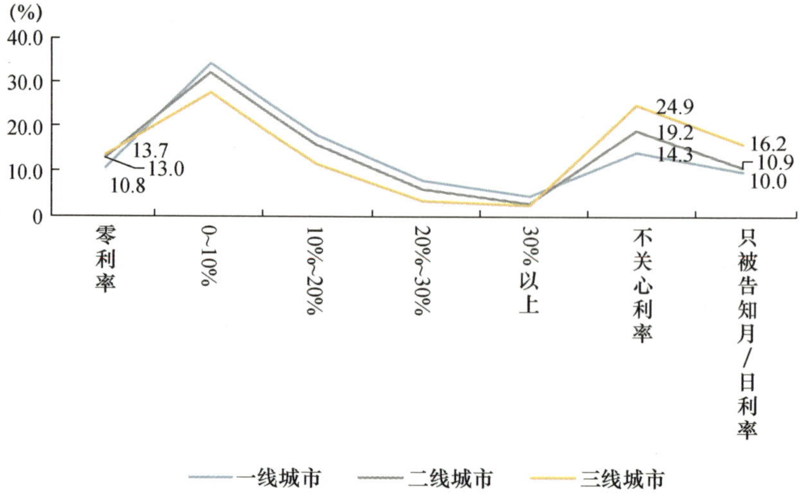

图6－19　不同城市人群使用产品年化利率

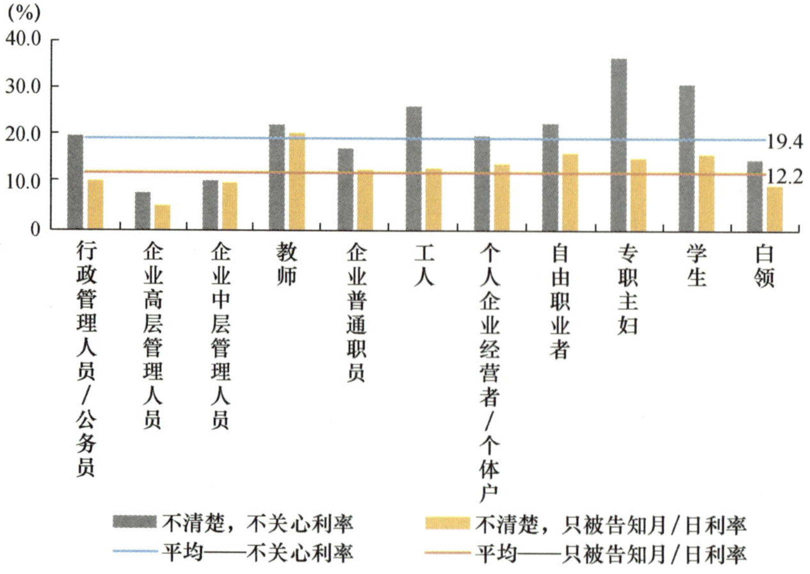

图6－20　不同职业人群使用产品年化利率

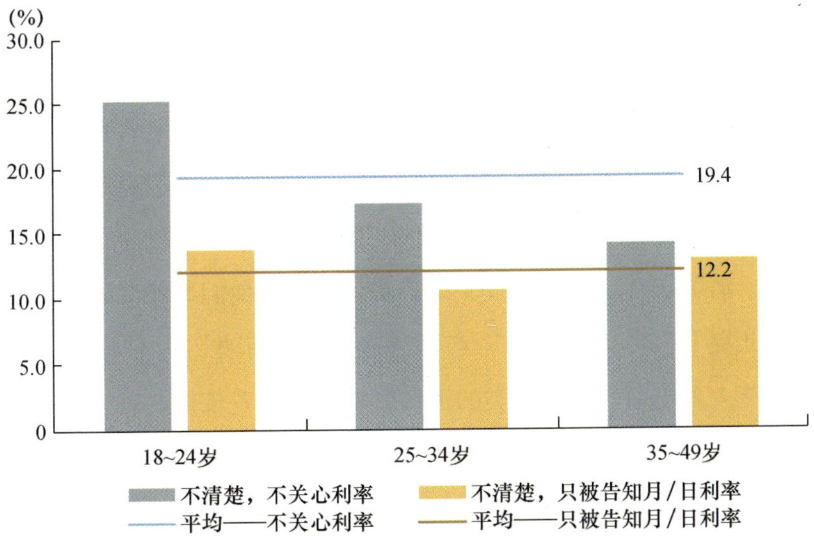

图6－21　不同年龄人群使用产品年化利率

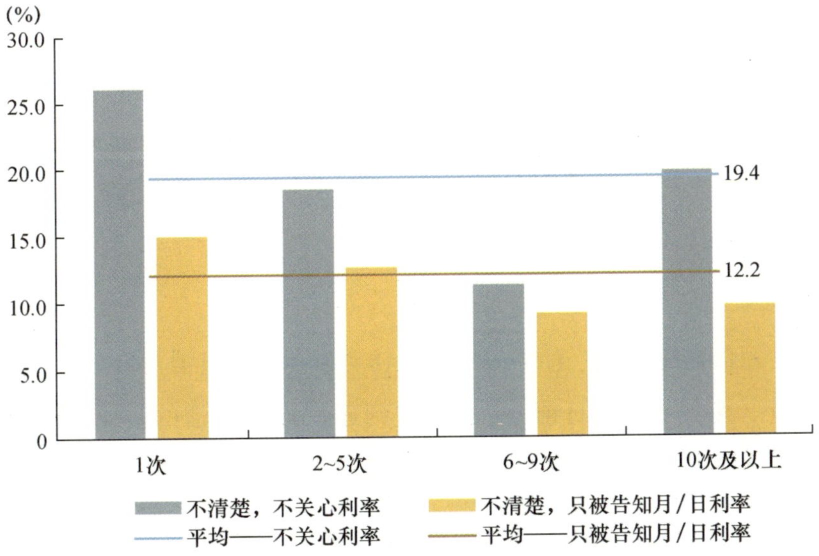

图6－22　不同消费金融使用次数人群使用产品年化利率

工人、学生、专职主妇这类群体在使用消费金融时可能更关注产品的方便和快捷性，能否快速得到贷款是吸引他们的关键，而如此迅速的交易往往会忽略产品的利率，故相比其他的职业来说，他们中不清楚利率的人数占比较多。随着年龄的增长，消费者会更多地了解到相关领域的信息，消费行为也会更加理智、谨慎，不清楚且不关心利率的人数占比降低，各品牌需要对相对年轻的消费群体给予关注。对于消费金融使用次数较少的消费者而言，他们可能对消费金融本身缺乏了解，因此更不会考虑消费金融产品的利率，而那些经常使用消费金融的群体，他们可能大多使用的是购物类的消费分期，手续费较低，就使得他们不会关注利率水平。各品牌应提供更完善的消费金融产品利率告知服务，促进消费者对产品的全面认知，从而保障消费的合理性、公平性，并且对解决逾期的问题也能有一定帮助。

（三）还款情况

1. 还款渠道

还款途径呈现多样化，其中通过支付宝、微信、百度钱包进行还款的消费者比例分别为68.1%、34.8%、13.9%（见图6－23）。随着互联网的迅速发展，消费者除了通过传统的储蓄卡、信用卡进行还款外，也更多地倾向于使用便捷的第三方支付平台完成交易。

2. 还款短信提醒与提醒及时性

在还款短信提醒方面，有85.7%的受访者表示收到过消费金融公司发送的还款短信提醒。其中于还款日前3～5天收到还款提醒短信的占比较大，比例为48.3%，其次是提前5～10天就收到还款短信，占比为19.3%，如图6－24所示。从各还款短信提前天数对应的平均满意得分可以看出，消费者对还款短信提前10～20天、20天以上发送的及时性评分较高，均高于平均满意度得分，如图6－25所示。由于消费者需要在还款日之前提前准备好还款资金，若短信提醒在距离还款日期很近时才收到，可能因为筹措资金不善导致其逾期、产生滞纳金等。

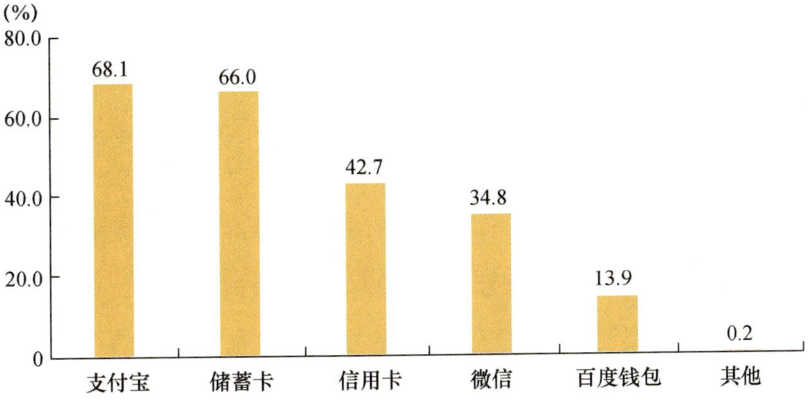

图 6－23　还款选择方式比例

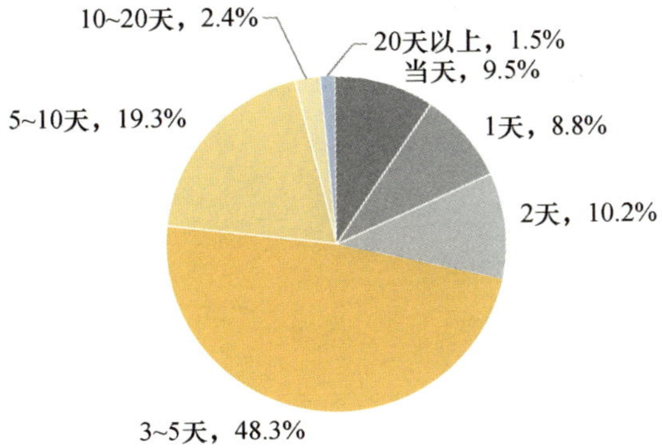

图 6－24　还款短信提前天数

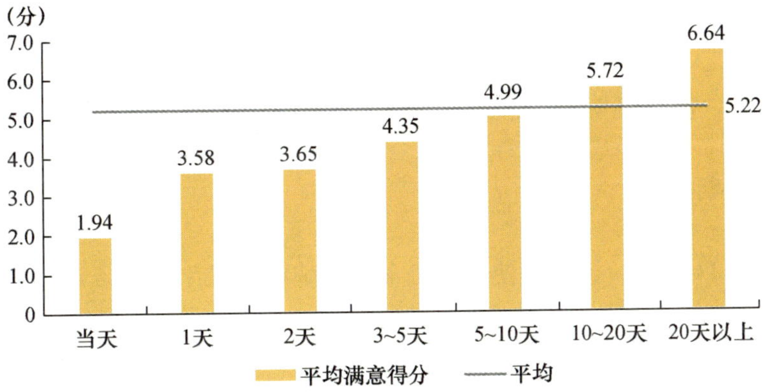

图 6－25　还款短信提醒及时性评分

故各品牌可以考虑提前10～20天或更早些先发一次温馨提醒短信，临近还款时再次发送，提醒消费者提前对自己的资金进行安排，确保能够及时还款，同时也有助于降低品牌的逾期率。

3. 还款各环节满意度

如图6－26所示，从对还款的各项平均满意得分可以看出，消费者对还款短信通知的满意度较高，平均得分为5.24，短信提醒及时性次之，而对还款渠道的满意度最低，各品牌要延续还款短信提醒的服务，并在还款短信提前天数上不断改善，提供更人性化的服务。同时，注重改进支付服务，促进移动支付、互联网支付等新兴支付方式的规范化。结合人口城市属性，二线城市和三线城市的满意度低于一线城市，各品牌要注意因地制宜地提供支付服务，为二线和三线城市使用消费金融服务提供更多的便利。

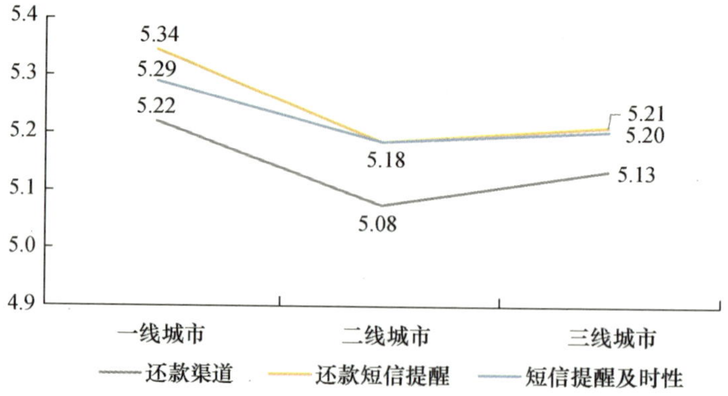

图6－26　不同城市人群还款服务平均满意得分

（四）逾期

由图6－27可知，消费者使用消费金融品牌的过程中，76.5%的受访者表示没有逾期，另有6.4%的人逾期30天或更多。另外，结合消费者的职业属性，由图6－28我们可以发现，行政管理人员/公务员、企业普通职员及工人群体未发生过逾期比例较高，均达到80%以上，而个人企业经营者/个体户未发生过逾期比例最低，仅为63.9%。可见，不同职业人群的逾期情况存在较大差异。另外在23.5%存在逾期的受访者中，有13.5%的人逾期在10天以内，可考虑提供更人性化的还款通知服务，进一步降低逾期率。

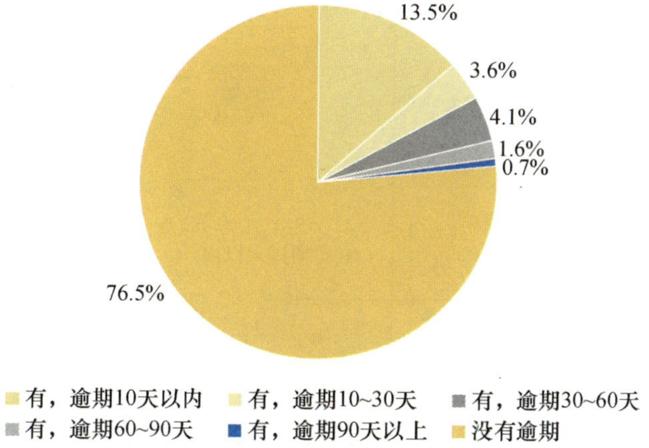

图6-27 不同逾期情况比例

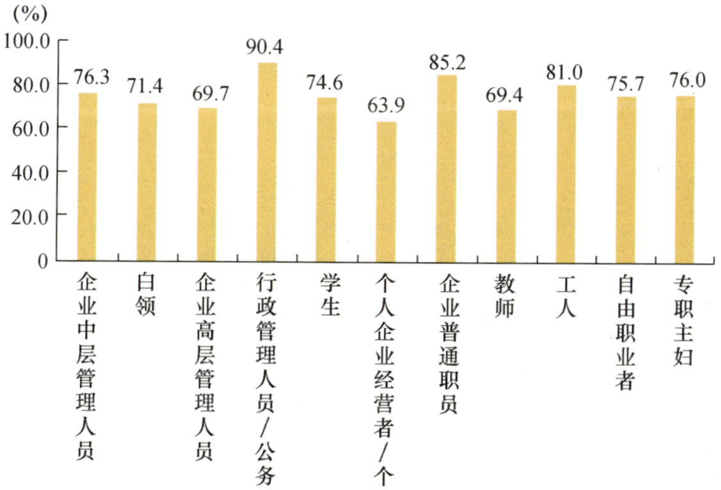

图6-28 不同职业人群未逾期占比

对细分人群的逾期行为采用对应分析，由图6-29可知，35~49岁、城市的男性消费者消费行为更规范理性，发生逾期的可能性较低。25～34 岁、在三线城市的女性消费者则可能出现逾期 10 天以内的情况。而县域农村的消费者的利率意识比较薄弱，加上自身还款能力有限，表现更差，更容易逾期 10～30 天。

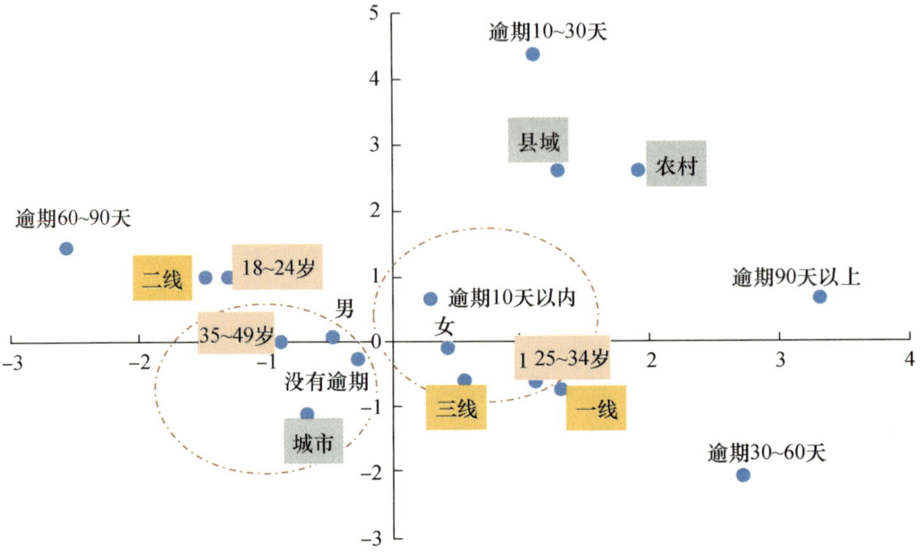

图 6－29　逾期情况对应分析图

（五）投诉情况

1. 是否投诉

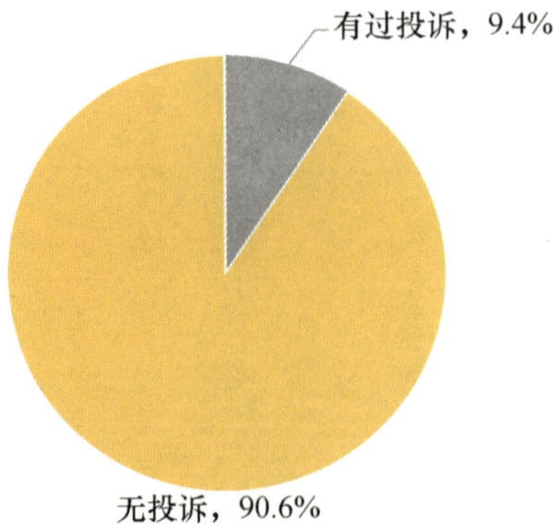

图 6－30　不同投诉情况比例

2. 投诉满意度

如图6－30可知，在投诉受理情况方面，有过投诉经历的受访者占9.4%，可见约有10%的消费者对消费金融产品或服务进行过投诉。结合人口性别年龄属性，从表6－6中可以发现，男性群体有过投诉经历的占11.3%，高于平均水平，而35～49岁的群体则投诉比例相对较低，可见年轻群体更有维权意识。

表6－6　不同性别、年龄段人群投诉所占比例及投诉受理平均满意得分

性别	投诉所占比例（%）	性别	平均满意得分
男	11.3	男	4.50
女	7.6	女	4.74
年龄	投诉所占比例（%）	年龄	平均满意得分
18～24岁	10.0	18～24岁	4.44
25～34岁	10.0	25～34岁	4.66
35～49岁	6.9	35～49岁	4.83

同时，有过投诉经历的消费者对于投诉受理的平均满意得分为4.60，可以发现女性、年龄在35～49岁的群体对投诉受理的现状较为满意。这部分群体相对来说，选择品牌比较慎重，对投诉处理也能进行更好的沟通，对处理现状比较宽容。各品牌在提供服务时，可以考虑对男性、较为年轻的消费者提供更有针对性的服务，帮助其更好地认识产品特征，同时也继续提升自身处理投诉的服务水平，从而有助于降低投诉率，提高产品满意度。

结合消费者的职业特征可以发现，个人企业经营者/个体户投诉比例最高，达到16.9%，属于最容易投诉的群体。而工人群体投诉比例较低，且对投诉处理满意度最高，可以得知这一群体对使用的产品比较容易满足。相反，自由职业者的投诉处理平均满意得分最低，为4.29，其中对于品牌的投诉渠道数量、投诉渠道畅通性均较不满意，如图6－31所示。

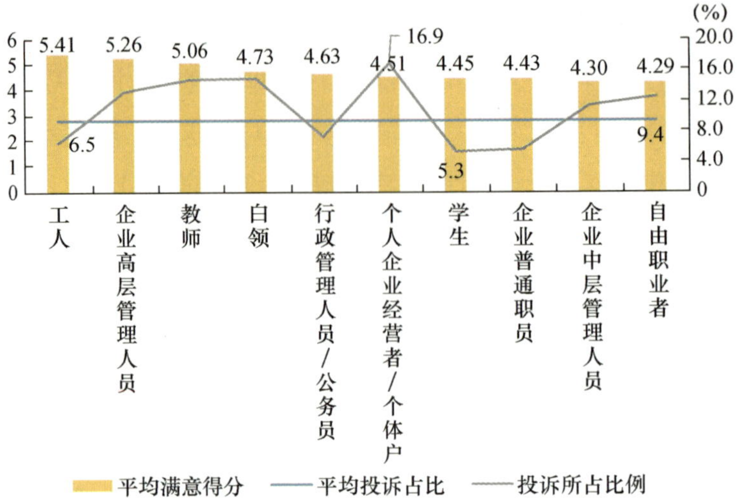

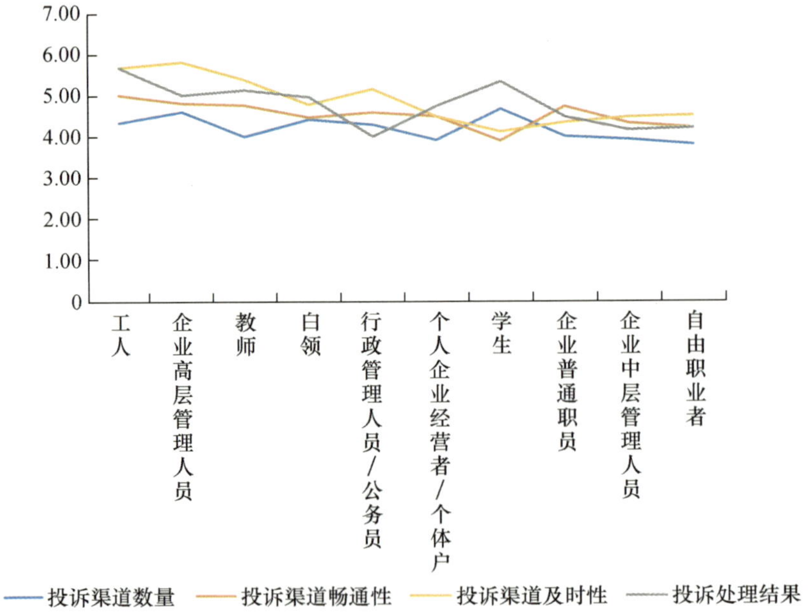

图6-31　不同职业人群投诉受理及各分项平均满意得分

3. 个人信息保护与平台安全

在品牌安全方面，由图6-32可知，22.4%的受访者表示在申请消费金融产品后，收到了垃圾短信、邮件，出现了电话等信息被泄露的状况。另有12.6%的受访者在使用过程中发生过安全性问题，其中出现个人信息被修改的高达34.9%，个人信息被冒名在其他分期平台上注册、贷款的占19.8%，如图6-33所示。各品牌需注重平台维护和严格对消费者信息保密，完善平台管理。

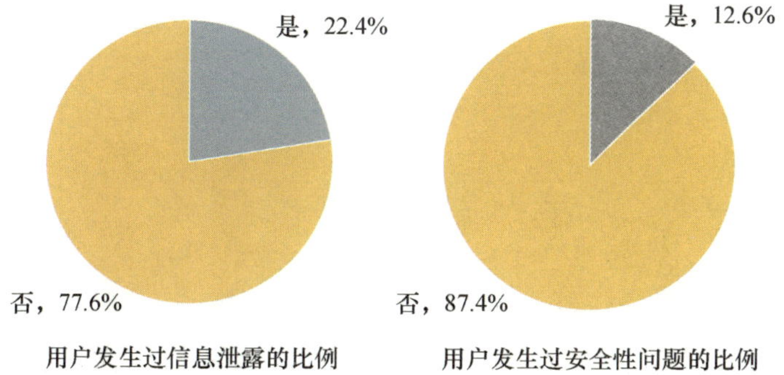

图6-32 用户发生过信息泄露及安全性问题的比例

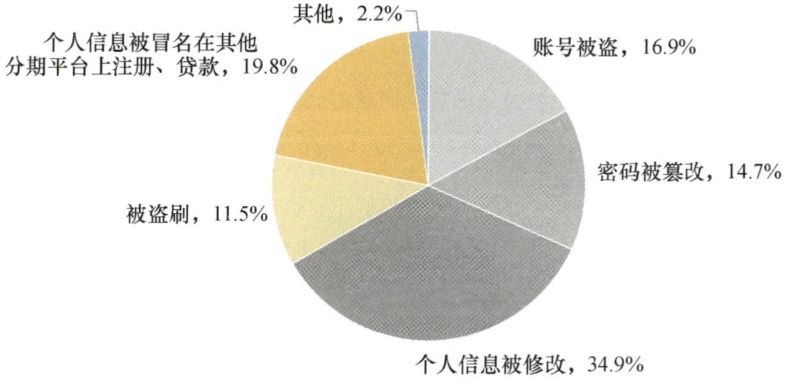

图6-33 发生过的安全性问题中不同认证安全问题的比例

从品牌运行安全性评价得知（见图6-34），消费者平均满意得分为5.27，其中发生过安全性问题的受访者平均满意得分为4.27，明显低于平均水平。结合消费者收入属性，可以看出月收入在5000元以下的群体发生过安全性问题的比例均高于平均水平，对运行安全性的满意度整体较低，各品牌对此类群体需提供针对性的维护。另外，月收入在 20000 元以上的群体出现安全性问题比例较高，但对运行安全性的满意度也较高，可以认为这部分群体接受损失的能力较强，可以承担出现安全问题带来的困扰。

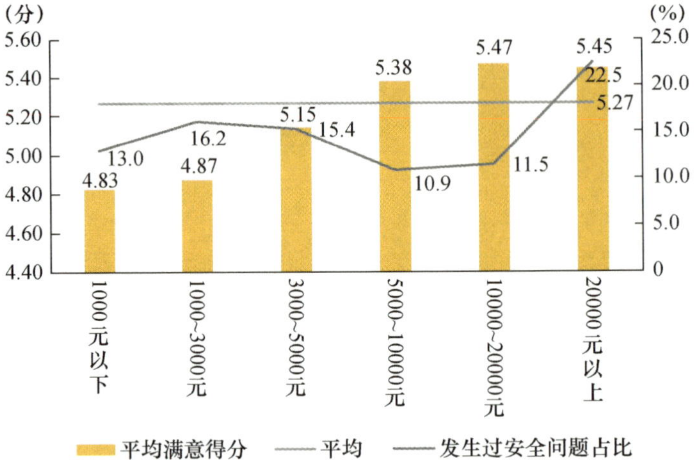

图 6-34　不同收入人群发生过认证安全问题占比及品牌运行安全性平均满意得分

五、不同消费者的品牌忠诚分析

（一）品牌满意度

受访者使用品牌的平均满意水平为 5.36，其中女性群体的满意度要高于男性，年龄段位于 25~49 岁的群体对使用的品牌要更满意，其对使用的品牌要更忠诚（见表 6-7、表 6-8）。从消费者职业属性来看，行政管理人员/公务员、企业高层管理人员、企业中层管理人员对品牌满意度更高，对各品牌来讲属于优质群体，而企业普通职员、教师、自由职业者的品牌满意度则比较低，平均水平均在5.30以下，属于容易流失的群体，各品牌需合理安排，对这类群体考虑提供恰当的服务，增强客户黏性（见图6－35）。

表6－7　不同性别人群品牌满意度得分

性别	品牌满意度
男	5.33
女	5.38

表6－8　不同年龄段人群品牌满意度得分

年龄	品牌满意度
18～24岁	5.23
25～34岁	5.37
35～49岁	5.56

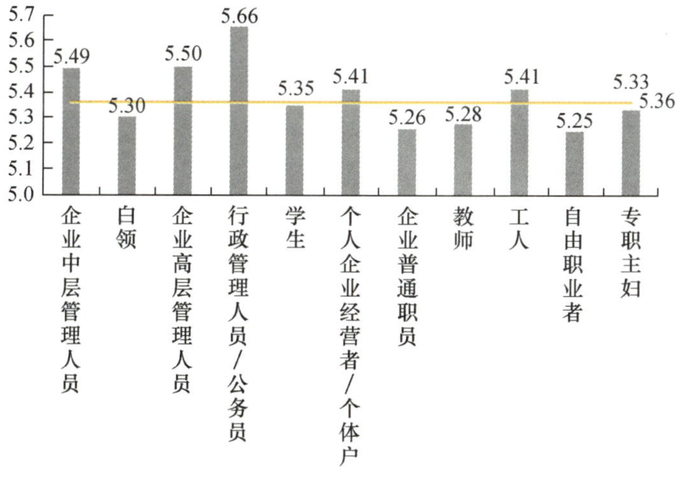

图6－35　不同职业人群品牌满意度得分

结合消费者使用消费金融产品的次数来看，如图6－36所示，虽然某些消费者使用消费金融仅一次，但他们对其使用品牌的满意度高，说明各消费金融品牌为新客户提供了较好的服务，给他们的初次使用留下了好印象，各品牌应加强对此类用户的关注，向他们适当推送相关介绍、普及性的信息，增进他们对于消费金融的理解，指导并引领他们在合适的场景下使用消费金融产品，争取将他们发展成为忠实客户；客户消费金融使用次数较高（10 次及以上）之后，其满意度有所下降，可能是因为他们没有享受到期待中的作为“老客户”的福利，各品牌应做好价值客户区分，并针对不同客户开发经营策略。

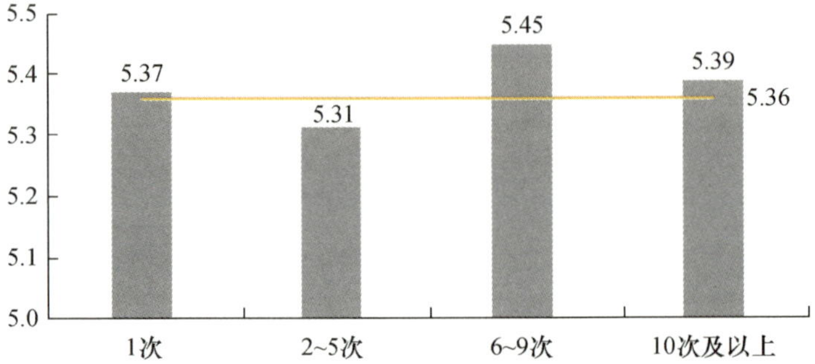

图 6－36　不同消费金融使用次数人群品牌满意度得分

（二）重复购买

在品牌重复购买方面，未来一段时间内受访者会再次购买消费金融品牌的平均水平为5.34，其中，女性重复购买的平均水平高于男性，年龄段在 25～49 岁的消费者重复购买水平要相对较高（见表 6－9、表 6－10）。除此之外我们发现，35～49 岁的男性群体重复购买平均水平最高，18～24 岁的男性群体相对最低，如图 6－37 所示。可以得知年龄较大的男性群体选择品牌比较慎重，重复购买意愿较强。而较为年轻的男性群体，重复购买平均水平较低，各品牌应考虑为此部分群体提供更个性化的服务，提高客户黏着性。

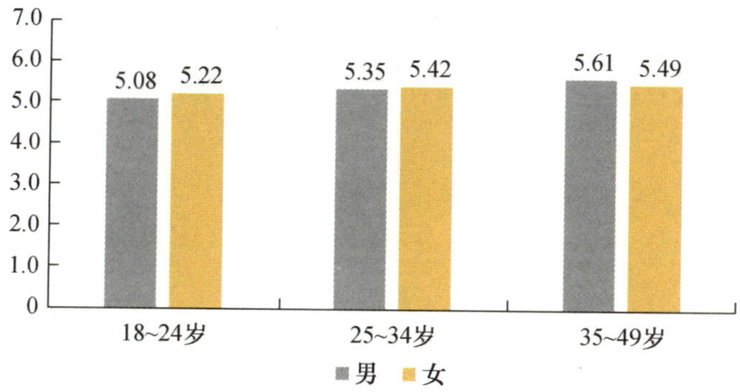

图 6－37　不同性别不同年龄段人群重复购买意愿平均得分

表 6－9　不同性别人群重复购买意愿平均得分

性别	重复购买
男	5. 31
女	5. 37

表 6－10　不同年龄段人群重复购买意愿平均得分

年龄	重复购买
18～24 岁	5. 16
25～34 岁	5. 39
35～49 岁	5. 56

（三）产品敏感度

受访者利率敏感度平均水平为 4. 59，结合消费者属性，由图 6－38 可以发现，学生、教师、工人、企业普通职员群体平均水平较低，也即当使用品牌利率有小幅上升，或有利率更低的同类产品时，他们相对会考虑更改品牌，对利率的变化比较敏感。实际上这类群体由于自身收入水平和承受能力有限，对于利率的涨幅会比较在意。而对于专职主妇群体，在使用品牌时不关心利率、不知道利率是多少的占36.4%，高于平均水平（19.4%），其利率敏感度平均水平为4.92，可以看出此类群体对利率没有明确感知，利率的变化对其忠诚度影响不大。

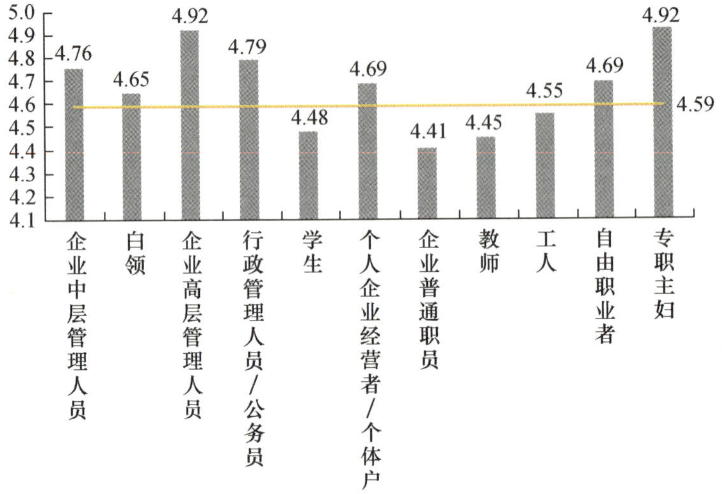

图6－38　不同职业人群利率敏感度平均得分

整体看来，由图6－39可知，不同消费金融使用次数的人群对产品授信额度的敏感度平均分最高，对产品还款期限的敏感度平均分最低，也即他们对于消费金融产品授信额度的小幅变化不是很在意，但还款期限的缩短则会引起他们的关注。消费金融使用次数较多群体（6～9次、10次及以上）相对于使用次数较少群体（1次、2～5次）的产品敏感度得分高，即使品牌的产品利率、授信额度、还款期限发生小幅变化，他们仍不会向竞品转移，品牌忠诚度较高。这也提醒品牌需要做好客户生命周期管理，在服务新客户时，尽量不要发生利率升高、授信额度降低、还款期限缩短等问题，延长客户生命周期。

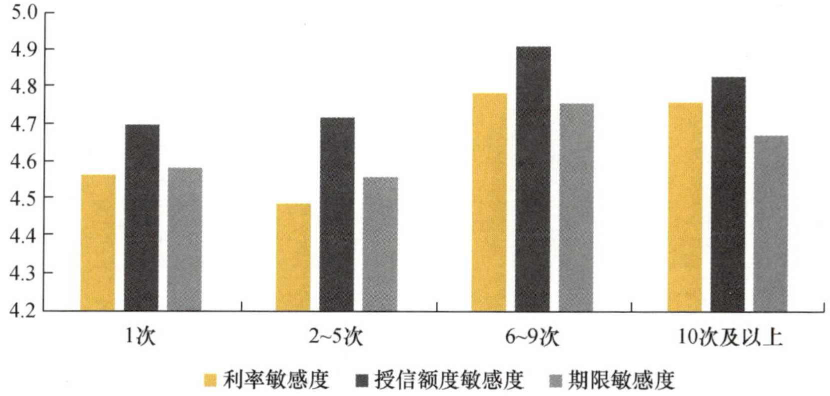

图6－39　不同消费金融使用次数的人群的产品敏感度平均得分

六、消费金融使用者典型人群细分

（一）典型人群

消费金融使用者按其使用体验可聚合为五类，分别为利率非敏感客群、热衷投诉客群、年轻女性客群、满意度较高客群、高收入高消费客群。整体来看，满意度较高客群和高收入高消费客群较优质，多为一线城市30岁以上人群，以企业员工和公务员为主；对消费金融的认识和使用经验均较好，对自己选择的消费金融品牌满意度也较高的年轻女性客群属于潜力上升中的客群，需做好培养；而热衷投诉客群和利率非敏感客群则需要品牌方注意经营和挽回。

表 6－11 消费金融的五种典型人群属性

	利率非敏感客群	热衷投诉客群	年轻女性客群	满意度较高客群	高收入高消费客群
一般属性					
占比（%）	5.3	9.5	38.3	39.5	7.4
性别(男)（%）	44.9	57.4	37.0	57.1	50.5
平均年龄(岁)	26.6	28.2	25.9	32.9	31.1
城市级别	二线、三线	一线、二线、三线	二线、三线	一线	一线
家庭所在地	农村和县域	县域	农村和县域	城市	城市
地理区划	西北、西南	华南、东北	华东、华中	华北、华南	华东、华北
消费金融属性					
申请额度(元)	5321	14610	6366	8103	70536
审批额度(元)	4840	8591	5382	7433	62463
授信比例(%)	92.0	81.0	93.0	98.0	89.0
是否逾期(是)（%）	25.0	67.0	24.0	13.0	23.0
有无投诉(有)（%）	1.0	98.0	0	0	9.0
有无信息泄露(有)(%)	20.0	83.0	23.0	11.0	24.0
其他属性					
品牌选择 Top 5	蚂蚁花呗 京东白条 马上消费金融* 捷信消费金融* 佰仟	京东白条 中银消费金融* 海尔消费金融* 中邮消费金融* 上海尚诚消费金融*	蚂蚁花呗 京东白条 中银消费金融* 捷信消费金融* 苏宁消费金融*	京东白条 蚂蚁花呗 百度有钱 拍拍贷 中银消费金融*	中银消费金融* 万达消费金融 国美消费金融 晋商消费金融* 长银消费金融*
职业 Top 3	个体户 自由职业者 学生	个人企业经营者/个体户 白领 教师	学生 白领 企业普通职员	企业中层管理者 公务员 企业普通职员	企业中层管理人员 企业高级管理人员 公务员
场景	数码 3C	旅游、家电	数码 3C	家电、数码 3C	装修/家居
使用时间	半年以下	两年以上	一年到两年	两年以上	两年以上
整体满意度评分	4.93	4.61	4.86	5.55	5.24
品牌整体价值	4.91	4.68	4.86	5.54	5.33

注：省份区域如果按绝对人数比例每个群最多的都是华东，其次是华北或者华中，表里按客群间相对比例来看。

（二）典型人群特征分析

1. 利率特征

如表6－12所示，利率非敏感人群大部分表示不清楚、不关心利率，该部分人群金融知识薄弱、利率敏感度低，更易成为风险高发人群。热衷投诉客群的贷款利率普遍较高，高利率与高逾期率、高投诉率、低满意度水平不无关系。满意度较高客群和高收入高消费客群普遍会关注贷款利率，有意识地选择低利率产品，该部分客群满意度较高、贷款水平较高，属于各品牌应该关注的价值人群。

表6－12　各典型人群使用消费金融利率　　单位：%

	利率非敏感客群	热衷投诉客群	年轻女性客群	满意度较高客群	高收入高消费客群
零利率	14.5	5.7	11.1	13.9	7.4
0～10%	20.3	23.0	29.1	37.5	37.9
10%～20%	1.4	23.8	14.1	14.9	30.5
20%～30%	4.3	17.2	4.6	5.5	5.3
30%～40%	0	14.8	1.0	1.0	1.1
40%～50%	0	3.3	1.2	0.2	0
50%以上	0	0.8	0.6	0.2	0
不清楚，不关心利率	37.7	3.3	23.8	16.7	8.4
不清楚，只被告知月/日利率，不知道年利率	21.7	8.2	14.3	10.2	9.5

2. 收入特征

接近40%的利率非敏感人群月收入在3000元以下，另有23%的该客群消费者表示拒绝回答，结合该部分人群大部分不关心利率、不了解利率，该客群风险较大。热衷投诉客群与年轻女性客群的收入峰值段一致，这两个客群大部分消费者的月收入在3000～6000元，但热衷投诉客群的高收入段人群比例较年轻女性客群更多。

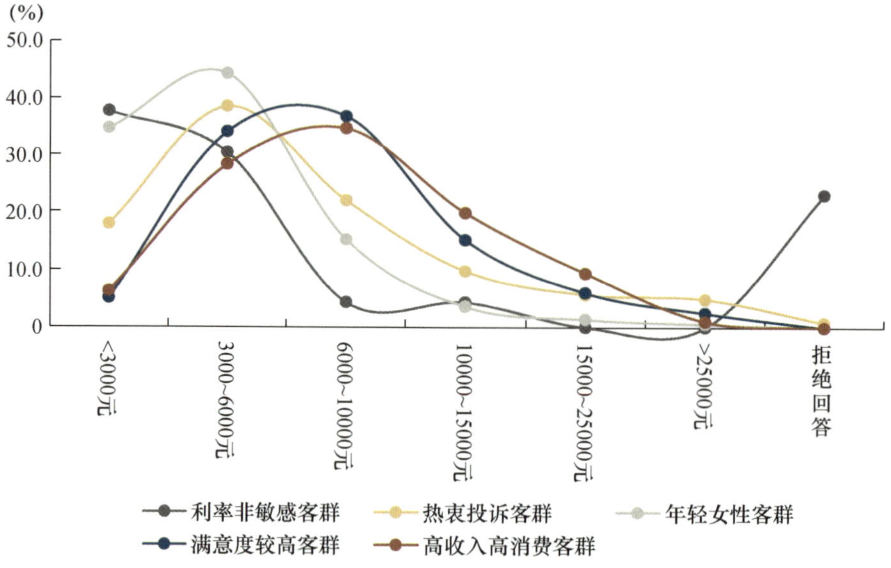

图 6－40　各典型人群收入分布

七、消费金融使用者品牌感知质量影响因素分析

（一）总体影响因素

为探究影响消费金融使用者品牌感知质量满意度的因素，本研究以消费者对品牌提供的贷款流程、产品、服务以及平台安全整体的满意度得分为因变量，以注册便捷度、门店数量、填写材料复杂度等 22 个细分指标为自变量建立多元线性回归模型。回归模型 F 检验的 p 值为 0.000，即模型具有统计意义，自变量整体对因变量能起到解释作用，以此模型来探究消费者品牌感知质量的影响因素是合理的。

由品牌感知质量影响因素回归系数图可知（见图6－41），品牌运行安全性、投诉处理满意度、授信比例等变量的回归系数为正，也即在控制其他变量不变的情况下，提高品牌运行安全性、改善投诉处理情况、提高授信比例等能提高消费金融使用者对品牌感知质量的满意度，其中运行安全性、认证安全性、审批速度、投诉处理满意度、授信比例、期限选择变量对品牌感知质量满意度的正影响程度显著。各品牌应加强对这些变量指标的关注，在改善消费金融使用者品牌感知质量环节，优先考虑它们，以最大限度地改善消费者的品牌体验。

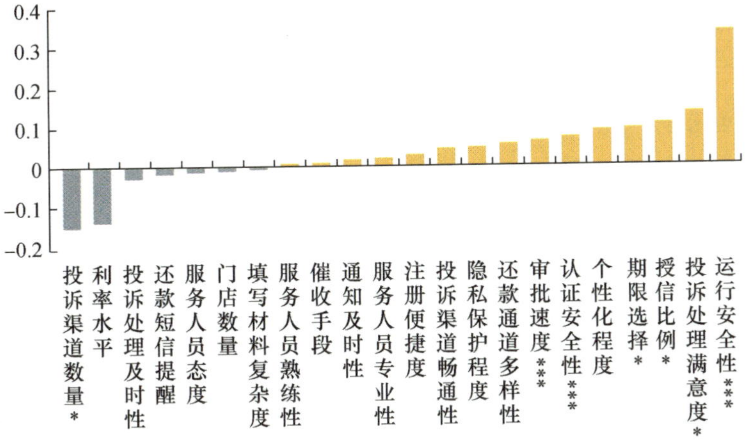

图6－41　品牌感知质量影响因素回归系数图

注：其中*表示显著水平为0.05，**表示显著水平为0.01，***表示显著水平为0.001。

利率水平变量的回归系数为负说明，利率水平越高，消费金融使用者品牌感知质量的满意度越低，而相对于正回归系数的变量而言，投诉渠道数量对消费金融使用者品牌感知质量满意度的作用较小，在控制其他变量不变的情况下，增加投诉渠道数量达不到其他变量提高品牌感知质量满意度的平均水平。

（二）不同人口统计特征影响因素差异

为考虑在不同的人口统计特征情况下，影响消费金融使用者品牌感知质量满意度的因素的差异，报告首先对消费金融使用者按照性别、年龄、职业、所在城市级别、消费金融使用时间、消费金融使用次数分类，进行单因素方差分析，探究不同人群的品牌感知质量满意度是否有差异。结果显示，不同年龄人群、不同职业人群、不同使用时间人群的品牌感知质量满意度有显著差异（显著性水平为0.05），故本研究对这三种群体进行深入分析，探究他们品牌感知质量满意度的影响因素有何不同。

1. 年龄

由不同年龄段人群品牌感知质量满意度显著影响因素的回归系数图（见图6－42）可知，对于18～24岁人群，品牌平台运行的安全性、消费金融品牌产品期限选择的丰富程度、授信比例的大小、还款短信通知的及时性对他们品牌感知质量的满意度有显著的正向影响，也即能提高他们对这些指标的满意度，能提高他们对品牌感知质量的整体满意度。产品利率水平系数为负，也即利率越高，他们对于品牌感知质量的满意度越低；还款短信提醒服务的满意度、品牌门店数量指标的系数也为负，意味着相对于正回归系数的变量而言，提高消费者对这些指标的满意度对提升其品牌感知质量满意度的作用较小。同理可知，25～34岁、35～49岁年龄段的消费金融使用者品牌感知质量满意度的影响因素。

分析不同年龄段品牌感知质量满意度影响因素的异同，品牌平台的运行安全性对每个年龄段的消费金融使用者品牌感知质量的满意度都有显著的正向影响，各品牌应加强平台的维护，给使用者提供放心安全的消费环境。对于18～24岁的年轻群体，消费金融产品还款期限选择是否丰富、短信提醒是否及时对其品牌感知质量的满意度也有显著的影响，说明这类群体可能因为自有资金不足，对于消费金融产品还款方面的要求会更多；对于25～34岁的群体而言，这类群体在使用消费金融时会更加成熟，考虑得更加全面，消费金融产品的授信比例、审批

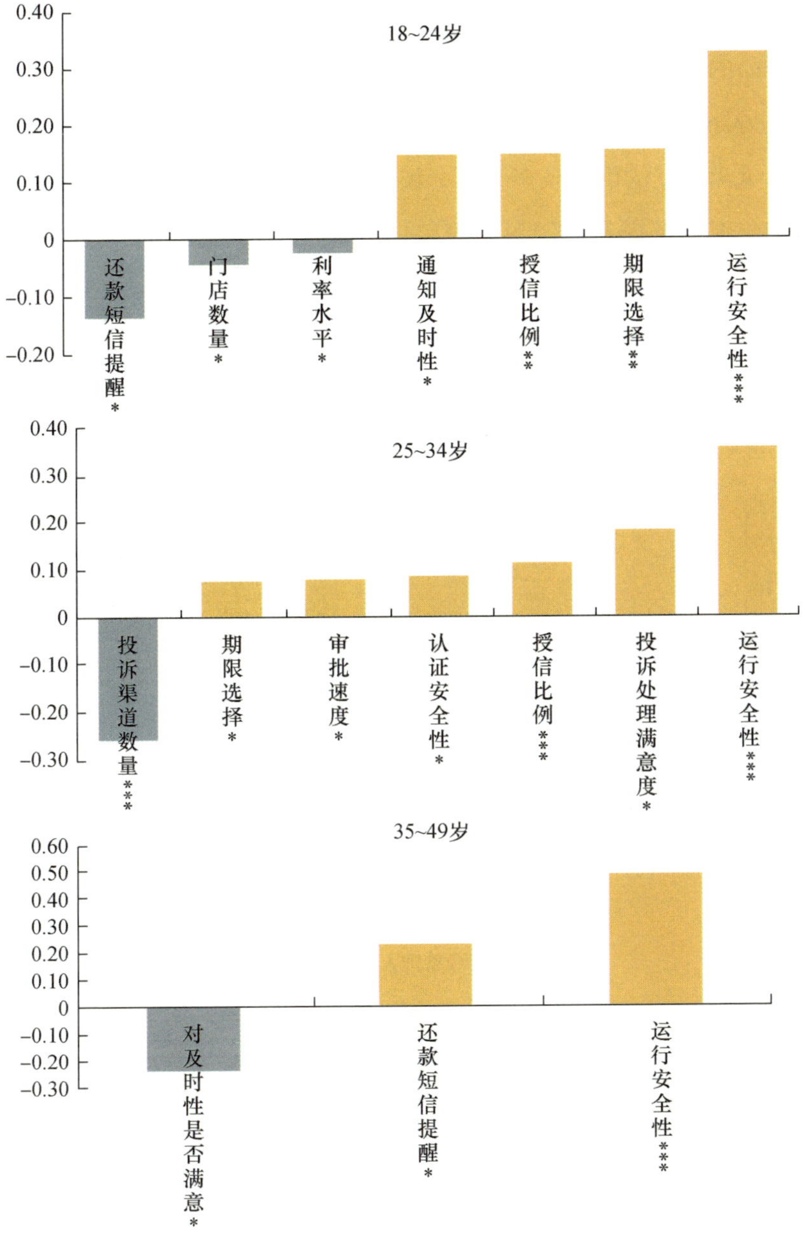

图 6-42　不同年龄段人群品牌感知质量满意度显著影响因素系数图

速度、期限选择等指标都会影响他们最终品牌感知质量的满意度。25～34 岁的人群是消费金融使用的主力军，各品牌应多关注这类人群的需求，对他们申请的消费金融产品的额度、期限、审批速度给予适当优惠，为品牌培育更加优质、忠实的用户。另外，对于 18～24 岁、25～39 岁的消费金融使用者，显著影响他们品牌感知质量满意度的因素较多为正，说明这些群体具有很大的潜在价值，品牌能从不同的角度出发提升他们对品牌整体感知质量的满意度，进而增强客户黏性，使其发展成为更加优质的客户。

2. 职业

由不同职业人群品牌感知质量满意度显著影响因素的回归系数图（见图 6－43）可知，对于企业普通职员，品牌平台的认证安全性、运行安全性、注

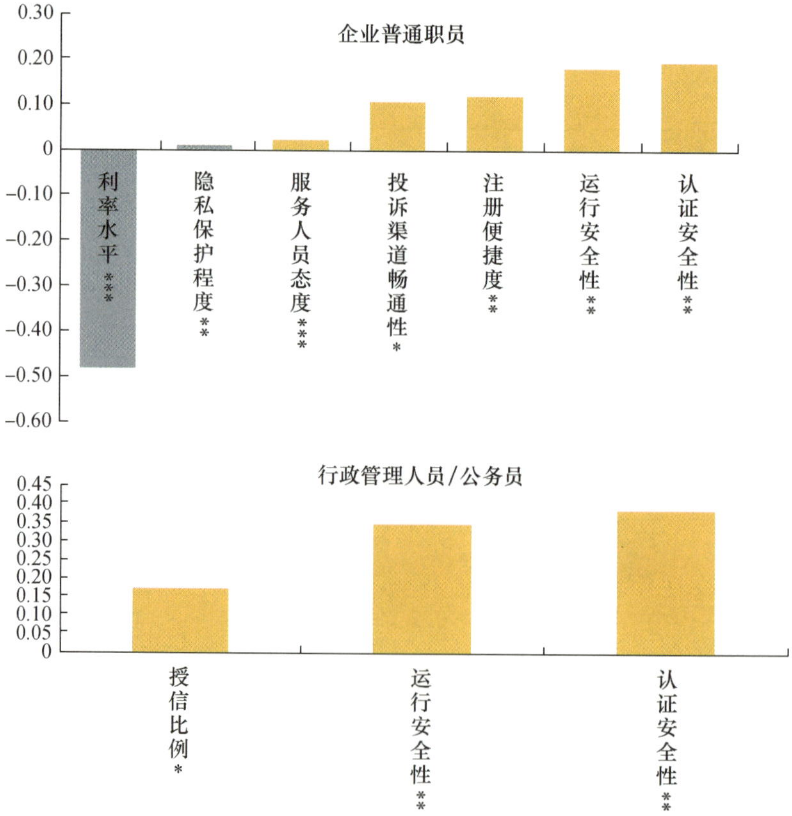

图 6－43　不同职业人群品牌感知质量满意度显著影响因素系数图

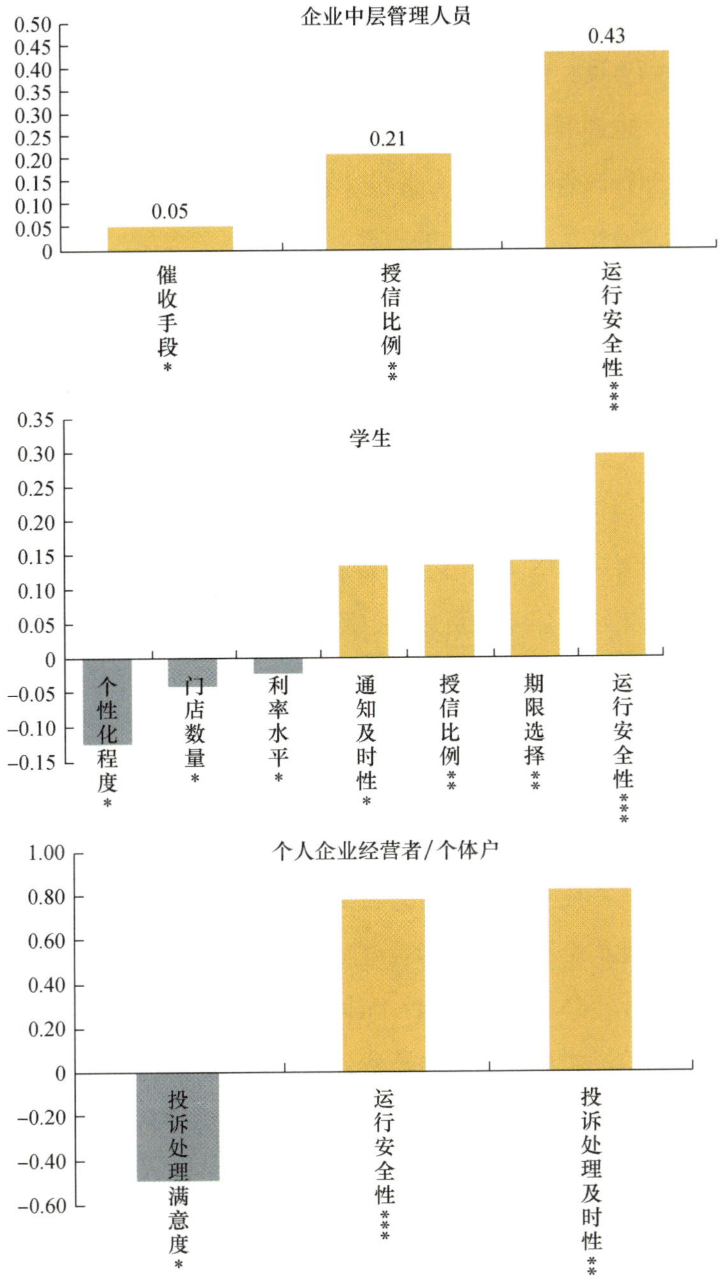

图6-43 不同职业人群品牌感知质量满意度显著影响因素系数图（续）

册便捷度等因素对他们品牌感知质量的满意度有显著的正向影响，也即能提高他们对这些指标的满意度，能提高他们对品牌感知质量的整体满意度；产品利率水平系数显著为负，也即利率越高，他们对品牌感知质量的满意度越低，且影响程度较大。同理可知行政管理人员/公务员、企业中层管理人员、学生等的消费金融使用者品牌感知质量满意度的影响因素。

分析不同职业品牌感知质量满意度影响因素的异同，品牌平台运行的安全性对于不同职业的消费金融使用者品牌感知质量的满意度都有显著的正向影响，各品牌应加强平台的维护，给使用者提供放心安全的消费环境。对于企业普通职员、行政管理人员/公务员而言，平台的认证安全性对其整体的品牌感知质量满意度影响也较大，说明一般的工作人员在使用消费金融时，首要考虑因素是安全，品牌给予消费者越多的安全感，消费者对品牌质量感知的满意度就会越高。对于企业普通职员来说，服务人员态度、隐私保护程度的回归系数虽然小，但是对其品牌感知质量满意度的影响是显著的，说明这两类指标在企业普通职员中的标准差较小，群体的选择较为一致，个性化差异小，也即改善服务人员质量、提高隐私保护程度能整体提高企业普通职员对于品牌感知质量的满意度。对于学生群体，还款期限选择是否丰富、授信额度是否高、还款短信是否及时、利率水平是否合理对其品牌感知质量的满意度有较大影响，这也符合年轻人的特征，由于自由资金的短缺，他们会更加关注消费金融的产品本身，对那些优惠的产品会持较高的满意度。对于个体企业经营者/个体户群体，投诉处理及时性是一个显著的正向影响因素，这一类群体可能对消费金融的了解不够全面，在使用消费金融产品时容易遇到问题，令他们感到不满意，投诉的次数增加，故品牌投诉处理的及时性对其品牌感知质量满意度影响较大，品牌对此类群体可以适当进行介绍和科普，引导他们进行合理的消费，并且在提供消费金融产品时给予更加详细的解释和人性化的提示，从根本上降低他们的投诉率，以提高他们品牌感知质量的满意度。

3. 消费金融使用时间

由不同消费金融使用时间人群品牌感知质量满意度显著影响因素回归系数图

（见图6－44）可知，对于使用时间半年以下人群，品牌投诉处理的及时性、平台运行安全性、消费金融品牌产品期限选择的丰富程度、还款短信通知的及时性、贷款审批速度对他们品牌感知质量的满意度有显著的正向影响，也即提高他们对于这些指标的满意度，能提高他们对品牌感知质量的整体满意度。同理可知，消费金融使用时间半年到一年、一年到两年、两年以上消费者品牌感知质量满意度的影响因素。

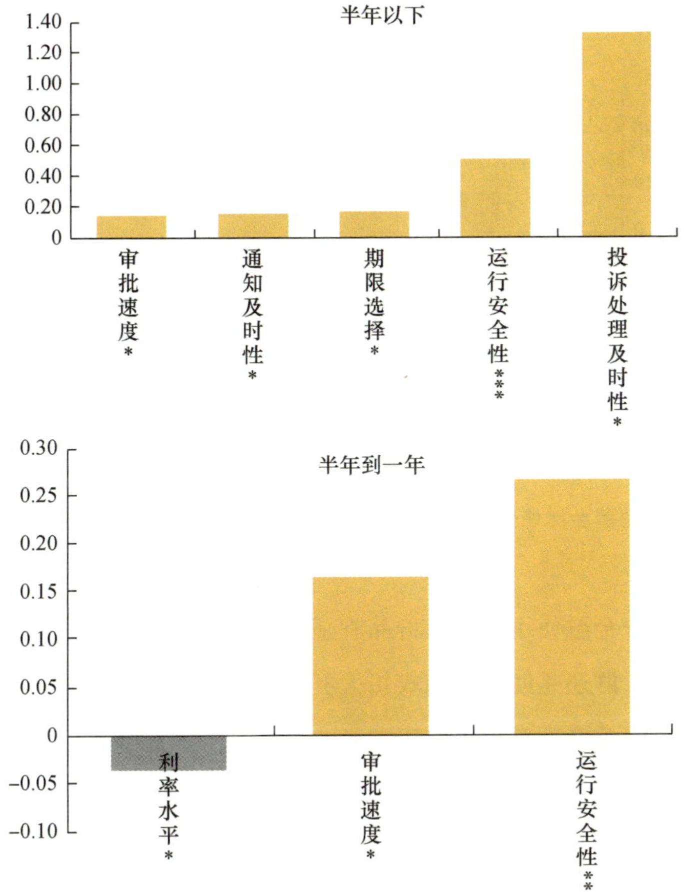

图6－44　不同消费金融使用时间人群品牌感知质量满意度显著影响因素系数图

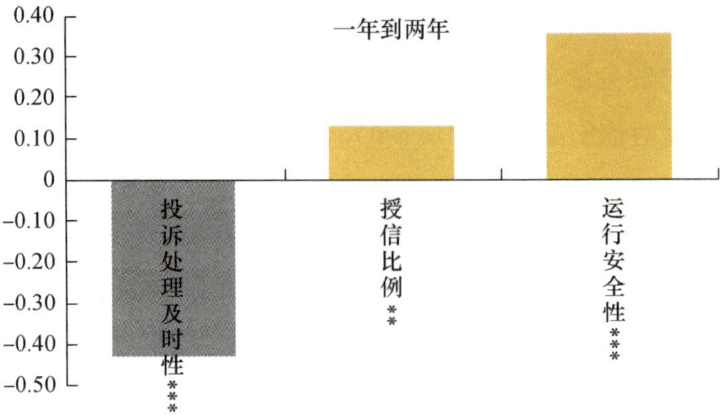

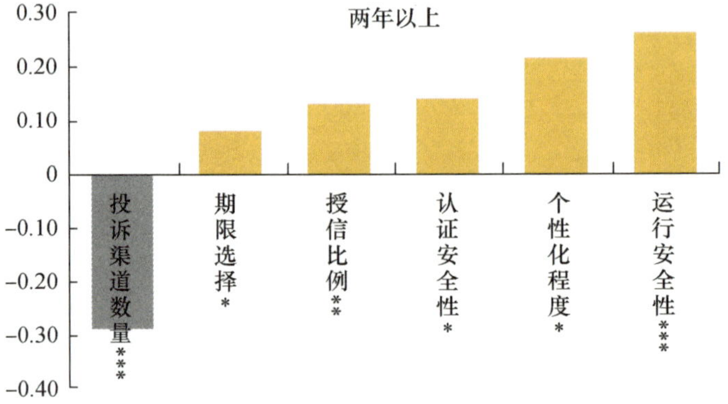

图6－44　不同消费金融使用时间人群品牌感知质量满意度显著影响因素系数图（续）

分析不同消费金融使用时间人群品牌感知质量满意度影响因素的异同，无论是使用时间较长人群还是使用时间较短人群，品牌平台的运行安全性对于其使用品牌感知质量的满意度都有显著的正向影响，各品牌应重视平台安全的维护，给使用者提供放心的消费环境。对于消费金融使用时间半年以下的人群，对消费金融缺乏足够了解，在使用消费金融产品时易产生问题，投诉的现象也会频繁，故品牌投诉处理的及时性是一个系数较大的正影响因素。另外，还款通知及时性对其满意度也有正向影响，品牌在为此类群体提供消费金融产品时应给予更加详细的解释、更加温馨的提示，从根本上降低他们的投诉率，以提高他们品牌感知质量的满意度。对于消费金融使用经验稍微丰富（半年到一年、一年到两年）的群体而言，消费金融产品本身的属性对他们品牌质量感知满意度有正向影响，产品利率高低、审批速度快慢、授信比例大小都是他们关注的因素。对于消费金融使用经验较丰富的消费者而言，他们不仅关注产品本身属性，还会要求消费金融品牌给予更加个性化的服务，这类群体接触消费金融较多，使用过多种消费金融品牌，故品牌之间的差异化服务是影响其满意度的因素。另外，使用时间较短以及使用时间较长的消费者，显著影响他们品牌感知质量满意度的因素较多为正，说明这两类群体具有很大的潜在价值。对于消费金融使用时间较短的消费者，品牌应该加强普及推广，适当引导，提供帮助；对于消费金融使用时间较长的消费者，品牌应提供更加优质的服务，个性化定制或者加大优惠力度，给予他们身份感。总之，品牌能从不同的角度出发以提升客户对品牌整体感知质量的满意度，进而增强客户黏性，使其发展成为更加优质的客户。

八、消费金融使用者品牌忠诚影响因素分析

（一）总体影响因素

为了分析消费金融使用者品牌忠诚的影响因素，我们以品牌满意度为因变量，以审批速度、授信比例等 22 个细分指标为自变量建立多元线性回归模型。结果显示，模型整体是显著的（F 检验的 p 值为 0.000），各细分指标对品牌满意度起到很好的解释作用，可以用此模型分析消费者品牌忠诚的影响因素。

由品牌忠诚影响因素回归系数图可知（见图 6－45），品牌运行安全性、认证安全性、隐私保护程度等系数为正并且显著，即在控制其他变量不变的情况下，提高品牌系统安全性、注重隐私保护等均能提高消费者的品牌忠诚，各品牌

需注重改善这些环节的消费者体验，从而有助于维系客户对产品的长期使用。而利率水平的系数为负表明，利率水平越高，消费者的品牌忠诚、满意度越低。相对于正回归系数变量，投诉渠道数量等对消费者品牌忠诚作用较小，增加投诉渠道数量等对提升消费者品牌满意度可能不会达到很好的效果。

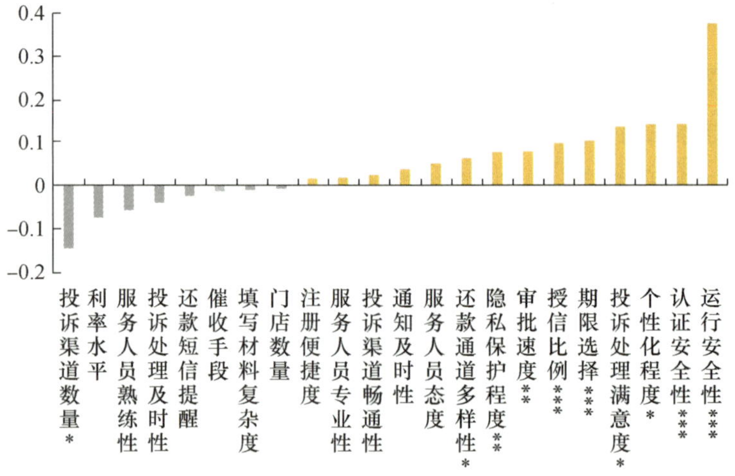

图 6－45　品牌忠诚影响因素回归系数图

（二）不同人口统计特征影响因素差异

接下来考虑细分人群的情况下，消费金融使用者品牌忠诚的影响因素。我们对消费者分性别、年龄、职业、所在城市级别、消费金融使用时间、消费金融使用次数的品牌忠诚度得分进行方差分析检验，结果显示，不同年龄、消费金融使用时间的群体对品牌忠诚度有显著差异（p 值为 0.05），故对这两类群体的影响因素进行深入分析。

1. 年龄

对于不同年龄段的消费者，品牌的平台安全对消费者的品牌忠诚度都有正的显著影响，各品牌应注重维护消费者信息和资金安全，为消费者提供更好的保障（见图 6－46）。对于 18～24 岁年龄段的消费者，丰富期限选择、改善授信比例、提供个性化服务也能提升其品牌满意度，此类群体需求丰富，产品选择的

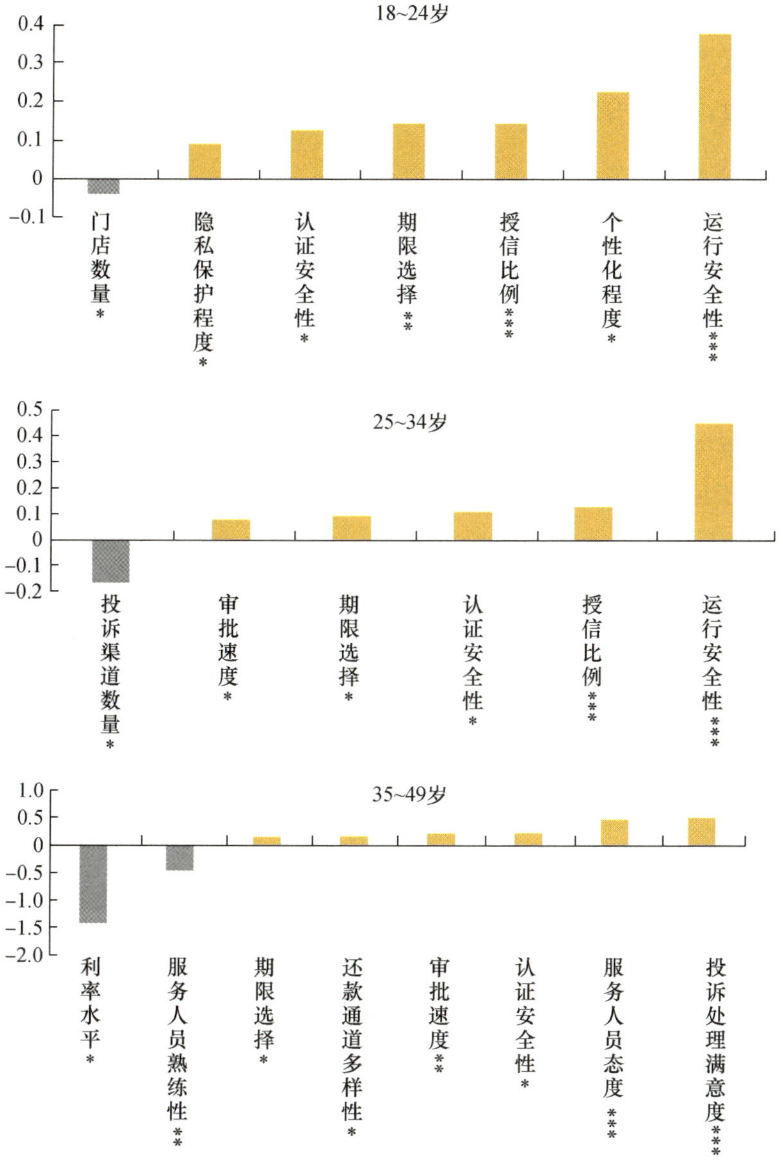

图 6－46　不同年龄段群体品牌忠诚影响因素回归系数图

多样性和独特性会有利于他们长久地使用某一品牌。对于25～34岁年龄段的消费者，在使用消费金融时会更加成熟，除期限选择和授信比例外，审批速度也是影响其品牌忠诚的一大因素。审批速度的提升会有助于消费金融品牌吸引消费者，积累忠实客户。再看35～49岁年龄段的消费者，投诉处理的结果、服务人员的态度也会影响其品牌忠诚度。此类群体思虑周全，对消费金融产品会有更多的要求，对其诉求的满足会增强消费者使用产品的信心。

2. 消费金融使用时间

由不同消费金融使用时间人群的品牌忠诚度的回归系数图（见图6－47）可知，平台安全性对消费者品牌满意度均有正的影响，即加强平台维护，给使用者安全的消费环境，能提高其品牌忠诚度。对于使用时间较短的群体，隐私保护程度也是主要的一个影响因素。这部分群体接触消费金融时间较短，了解程度不足，对消费金融产品并没有足够的信赖，对其隐私的保护会给予其使用产品的安全感，有助于其长久地使用该产品。使用时间的提升会使消费者对授信比例等消费金融的具体产品和服务提出更高的要求。对使用时间为一年到两年的群体，丰富期限选择、改善授信比例会有效地增强用户的品牌满意度。对两年以上的群体，则也应注重对其投诉的接受与受理。对产品和服务等不断的优化才能有助于品牌积累老客户，有利于企业的长久发展。

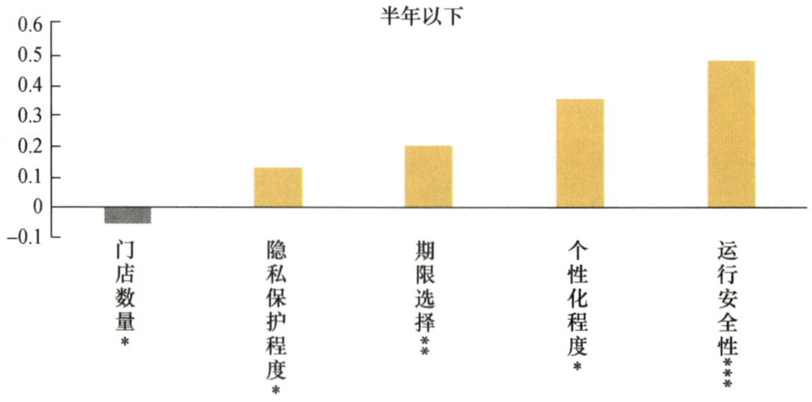

图6－47　不同使用时间群体品牌忠诚影响因素回归系数图

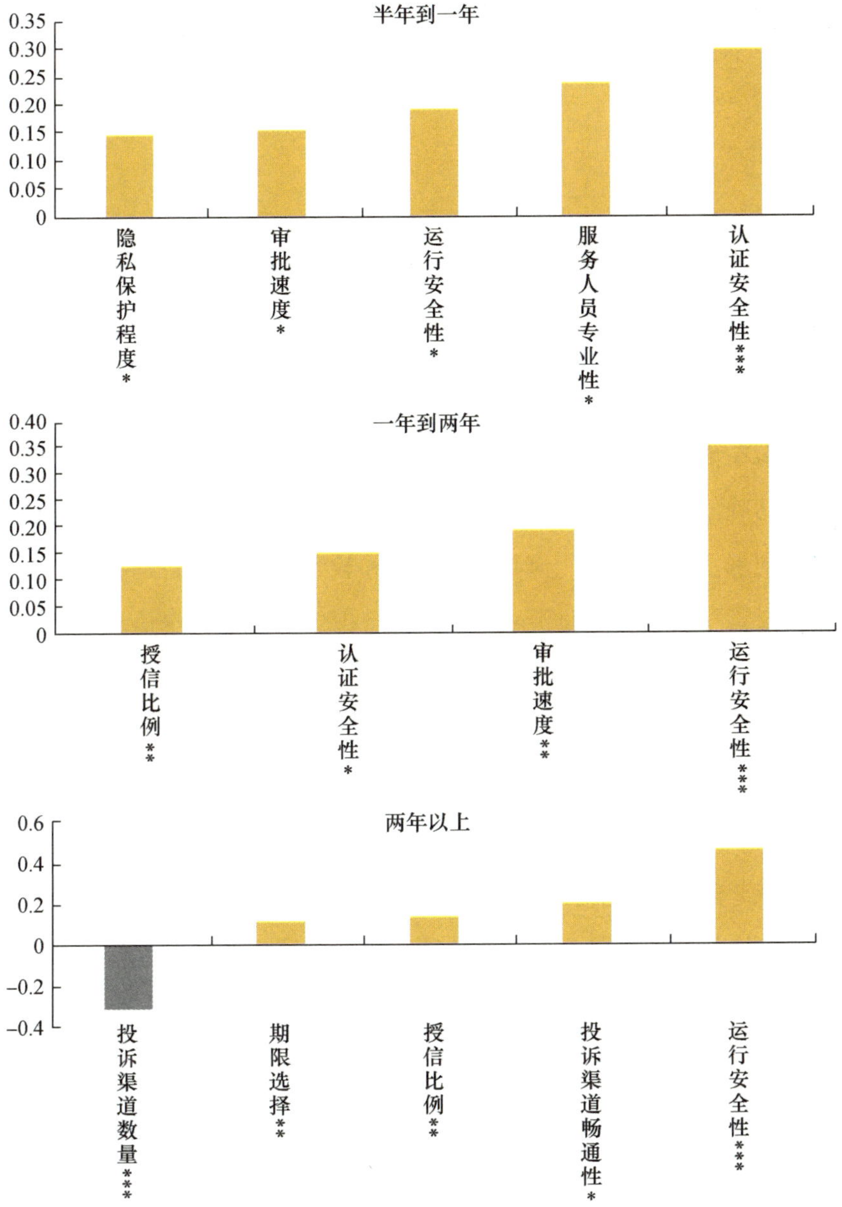

图6-47 不同使用时间群体品牌忠诚影响因素回归系数图（续）

九、本章小结

（一）消费金融使用者趋于年轻化，消费金融品牌的认知来源取决于所从事的职业

消费金融使用者年龄在18～60周岁，其中35岁以下的中青年占比超过八成，主要集中在华东及华北地区，以广东、北京和江苏居多。不同职业的人群对于消费金融品牌的认知渠道有差别。学生对于消费金融品牌的认知主要来自亲戚、朋友、同事、同学介绍，企业普通职员和教师则主要来自购物平台捆绑，白领和企业中层管理人员更倾向于从垂直媒体、搜索引擎处获得信息。

（二）电商平台的使用更普及，消费品牌的使用倾向于满足各细分人群的个性特点

蚂蚁花呗、京东白条位列消费者使用品牌前列。另外，男性在选择消费金融时会更多考虑非持牌品牌，女性则较为保守，偏向于使用持牌消费金融中的捷信消费金融、中原消费金融等，且女性消费者出于家庭消费目的使用消费金融的比例要更高。而随着消费金融使用经验的增多，消费者对消费金融的认识、理解逐步加深，两电商平台优势下降，平安普惠消费金融、苏宁消费金融等品牌所占比例却在增加，消费者选择更为丰富，也更有针对性。一线城市的消费者会在消费金融品牌选择中更倾向于京东白条、招联消费金融、中邮消费金融、平安普惠消费金融、拍拍贷等；农村的25岁以下群体，如大学生，则更多地使用如趣分期、分期乐、佰仟等品牌，该类品牌渠道下沉较好。

（三）定位消费者特征群体，不同典型人群的使用习惯有差别，各平台要提供更有针对性的服务

满意度较高客群和高收入高消费客群多为一线城市 30 岁以上人群，以企业员工和公务员为主，对消费金融的认识和使用经验均较好，且普遍会关注贷款利率，有意识地选择低利率产品，对自己选择的消费金融品牌满意度也较高，属于各品牌应该关注的价值人群。年轻女性客群属于潜力上升中的客群，需做好培养。热衷投诉客群的贷款利率普遍较高，也伴随高逾期率、高投诉率、低满意度水平表现，需要品牌方注意经营和挽回。利率非敏感客群大部分表示不清楚，不关心利率，且接近 40% 的人群月收入在 3000 元以下，另有 23% 的该客群消费者表示拒绝回答，更易成为风险高发人群。

（四）提高品牌运行安全、改善投诉处理等，能有效提高消费金融使用者的品牌满意度

不同细分人群的品牌体验各环节满意度不同。贷款易得性在各职业人群间满意度差距不大且偏低，对各品牌来讲属于亟待改善的环节；投诉受理情况整体波动最大，且在投诉受理各分项中，消费者对投诉渠道数量的满意度最差。综合各群体的表现，可以发现提高品牌运行安全性、改善投诉处理情况、丰富期限选择、提高审批速度与授信比例能有效提高消费者对品牌感知质量的满意度，各品牌应加强对这些变量指标的关注，以最大程度地改善消费者的品牌体验。

第七章 消费金融使用场景洞察

本章对研究中涉及的八个主要消费金融场景进行了更深入的分析，探讨了不同群体消费场景的使用率，对比各场景以及场景下品牌的口碑指数。另外，我们还分析了各场景流程、产品、服务、平台安全等评价感知质量方面的细分指数，品牌满意度、重复购买等评价品牌忠诚的细分指数。本研究全方位地洞察了各场景在品牌口碑指数不同方面的表现。

一、不同场景的品牌使用率对比

本次研究中涉及消费金融的八个主要场景，如图7－1所示，在数码3C场景下使用消费金融品牌的人数最多，占比35.6%，其次是家电以及装修/家居场景，均为目前消费金融的热门场景。

如图7－2所示，八个消费金融场景中，男女均有使用，说明目前消费金融在男性、女性中都有一定程度的普及。虽然各场景使用率排名相同，但各场景的使用人数占比不一致，也反映了男性、女性不同消费场景下行为的差异性。受访男性中43.6%是在数码3C场景下使用消费金融品牌的，与排名第二、占比

25.9%的家电场景拉开了差距。相比于男性，女性群体在各场景下使用消费金融的人数分布较为均衡，除了数码3C场景和农业场景外，其余场景的使用人数比例均多于男性。

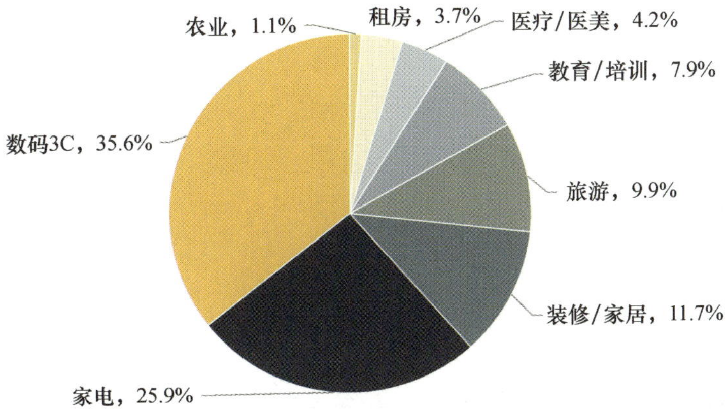

图7-1　消费金融场景使用情况

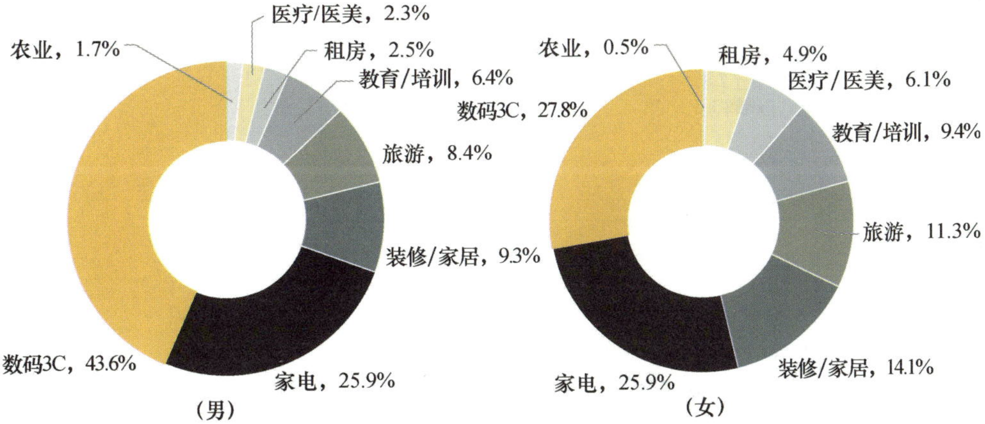

图7-2　男性、女性消费金融场景使用情况

如图7-3所示，在18～24岁年龄段下，使用数码3C、旅游、医疗/医美、教育/培训等消费场景的人数占比都多于其他年龄段，说明这个群体为了提升个人的生活品质、满足个人需求会借助于消费金融服务，符合年轻人乐于消费的特征。随着年龄的增加，家电场景逐渐成为稍微年长群体使用最多的消费金融场景，装修/家居也成为主要使用的场景之一，而数码3C场景的使用人数逐渐减少，反映出随着年龄增长，消费结构由个人消费转向家庭消费。

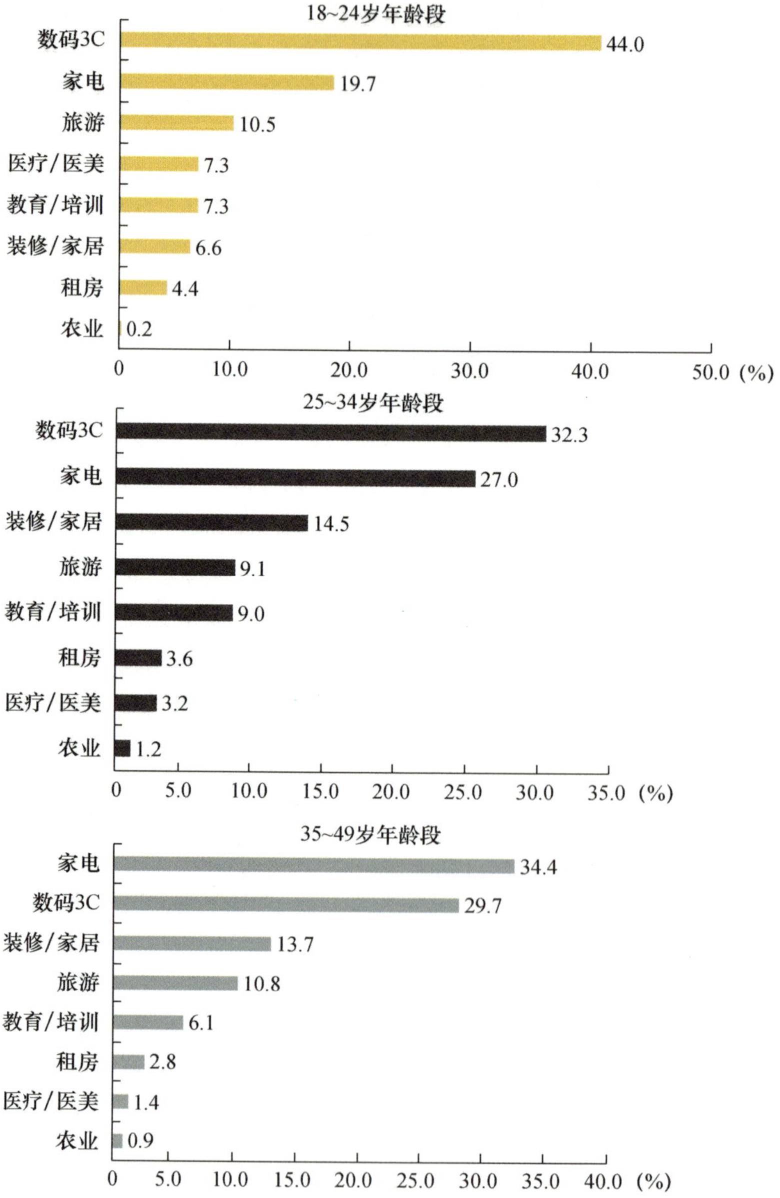

图7-3　不同年龄段群体消费金融场景使用情况

二、各场景口碑指数对比分析

（一）各场景口碑综合指数对比、各场景下的品牌表现

家电场景在所有场景中平均综合口碑指数得分最高，其次是教育/培训、数码3C场景（见图7－4、图7－5、图7－6）。可知，消费者对于购物性质的消费金融场景评价较高、服务体验较好，特别是大件商品如家电等的消费场景。蚂蚁花呗、京东白条作为典型的电商系消费金融品牌，依靠电子商务的普及，再加上其第三方支付方式，使消费金融行业得以迅猛发展，在这三个场景下均位列品牌口碑综合指数前列，反映出了电商系消费金融场景布局广、服务意识强、消费者口碑高的特征。苏宁消费金融、国美消费金融作为持牌与非持牌消费金融的代表，在这三个场景下总体表现较好。

Top1 家电场景：

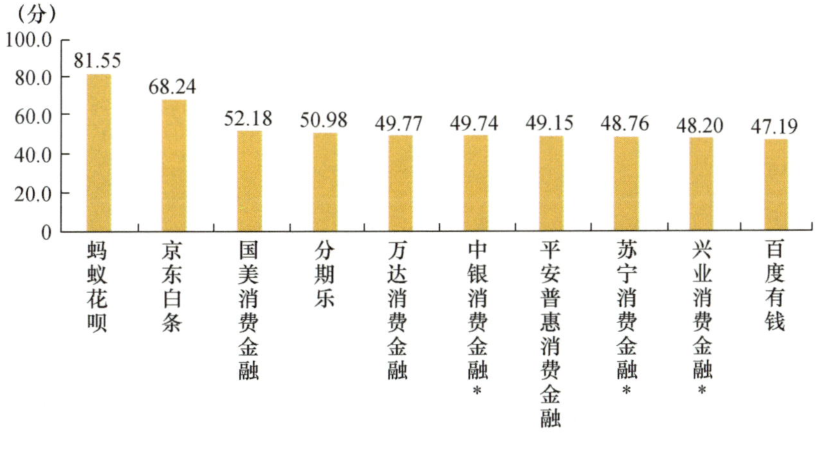

图7－4　家电场景综合指数Top10品牌

Top2 教育/培训场景：

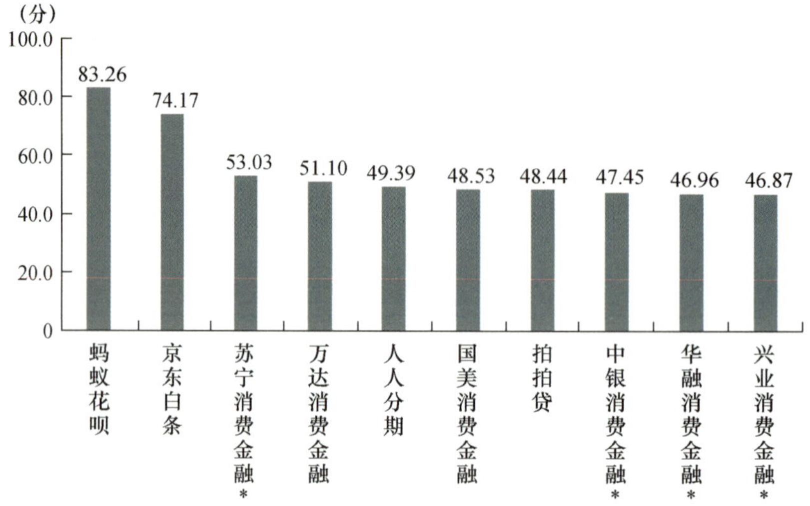

图7-5　教育/培训场景综合指数 Top10 品牌

Top3 数码 3C 场景：

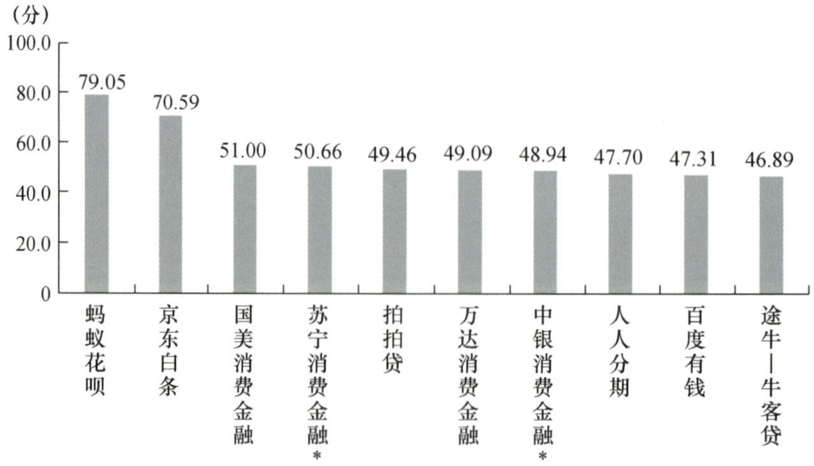

图7-6　数码 3C 场景综合指数 Top10 品牌

（二）场景各环节满意度对比

如图 7－7 所示，在消费者对品牌质量感知的所有环节中，场景平台安全的平均满意度得分最低，场景产品的平均满意度得分最高，具体来讲，各场景投诉受理情况的平均满意度得分最低，而对利率水平的平均满意度得分最高。其中，数码 3C 场景在整个环节的满意度得分波动较小，而旅游场景的满意度得分波动性较大，应给予关注。总体来说，各个场景在不同环节的满意度得分均有波动，应当加强对满意度得分较低环节的建设，给予消费者良好的体验流程感知。

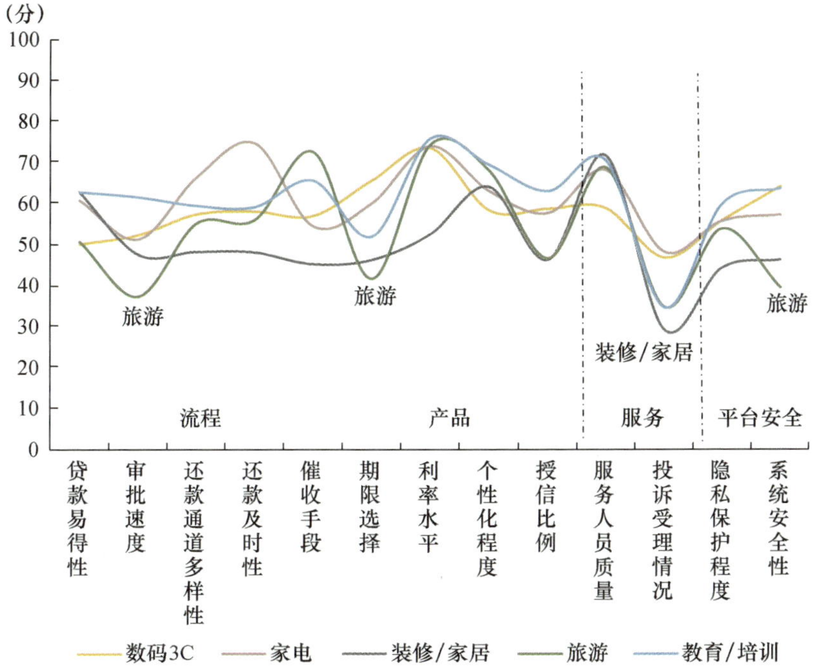

图 7－7　使用率 Top5 的场景各环节满意度

（三）各场景细化指标对比

1. 贷款易得性

如图 7－8 所示，医疗/医美、装修/家居、教育/培训、家电场景的贷款易得性较高，均高于行业平均水平，其中医疗/医美场景得分最高，为65.79。旅游、数码3C、租房场景贷款易得性较低，农业场景则是远低于行业平均水平。医疗/医美、装修/家居、教育/培训等场景下消费金融品牌的门店数量较多，加上这些场景下的消费额度较大，对于消费者而言，申请贷款时所需的注册流程以及填写的材料是他们安全的保障，所以可能不太会认为这是烦琐、不必要的步骤。相反，对于数码3C等场景，消费者更希望能直接得到贷款，故贷款易得性得分反而较低。

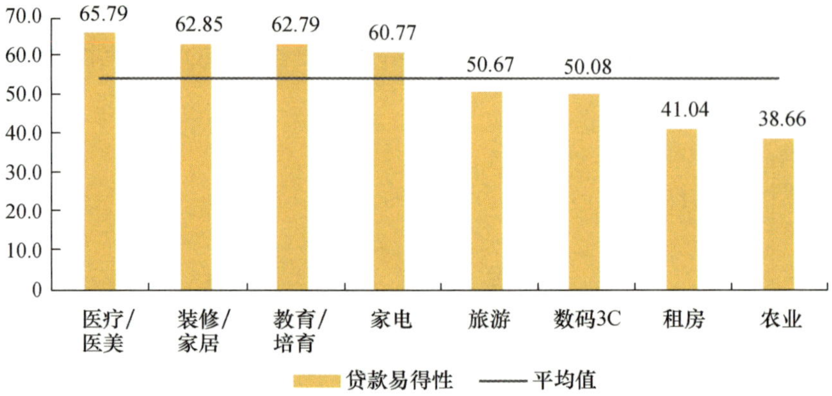

图7-8 各场景贷款易得性对比

2. 审批服务

如图7-9所示，农业、装修/家居场景的申请额度较大，平均单笔接近20000元，而数码3C场景平均的申请额度在6120元，符合现实情况。如图7-10所示，数码3C、家电、装修/家居场景的授信比例较高，其中数码3C最高，达到94.8%，消费者审批额度的满意度较高；农业等场景的授信比例相对较低。如今购物性质的消费分期服务已经相对成熟，消费者一般的购物消费行为额度较低并且较为频繁，逾期现象相对较少，故这些场景下的授信比例较高，同时，这些场景下消费行为安全、可信的特点成为其审批及时性的保障，消费者们持有较高的审批速度满意度。农业场景、医疗/医美等场景下风控体系尚不完备，授信比例较低，审批速度也较慢，消费者对其满意度不高（见图7-11）。

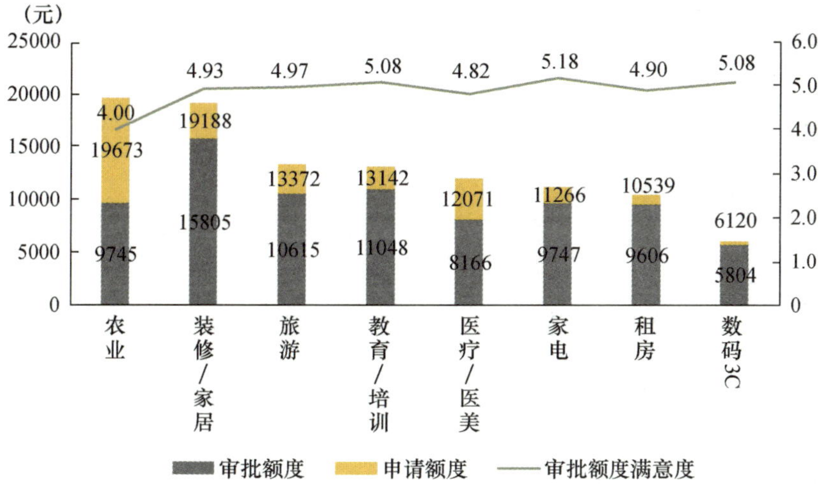

图 7 - 9　各场景审批情况及满意度

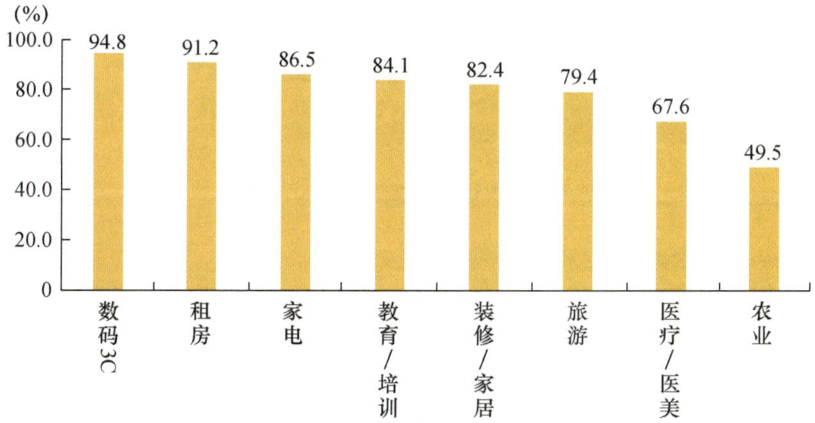

图 7 - 10　各场景授信比例对比

3. 利率水平

如图 7 - 12 所示，消费者对消费金融产品利率水平的关注度不高，各个场景下不清楚利率的人数占比均在 20% 以上，其中医疗/医美场景达到 38.2%，租房、数码 3C 场景也都超过了 30%；相比之下，农业、教育/培训场景平均利率高，消费者对产品的利率水平会更加关注，不清楚利率的人数占比较少。

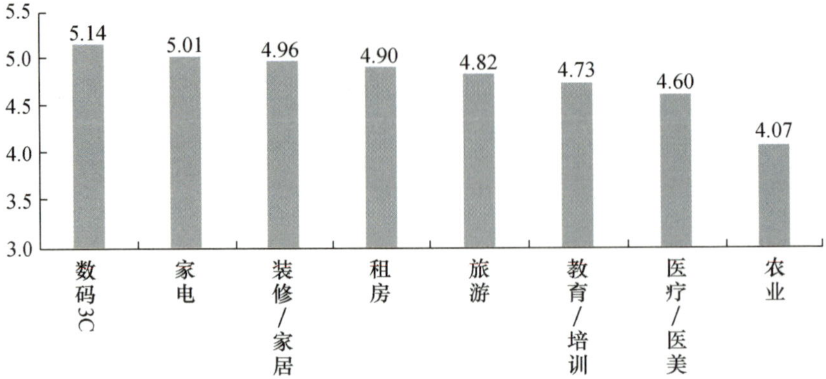

图7-11　各场景审批速度满意度对比

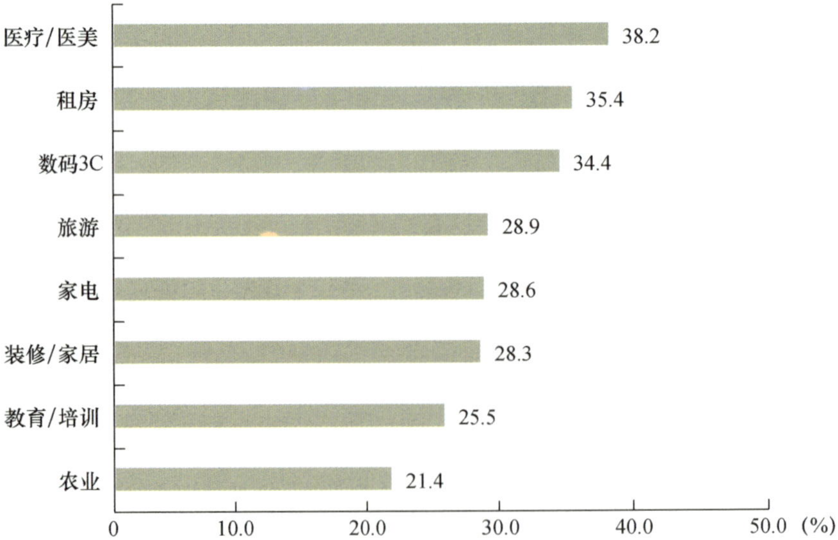

图7-12　各场景不清楚利率的人数占比

如图7-13所示，数码3C场景的利率最低，零利率占比最大，符合其场景下申请额度低、分期时间短的特点，而家电场景下平均的申请额度较大、分期时间较长，故其利率水平会高一些，但总体来说，购物性质场景下的利率水平会低于其余场景，以满足大众、普通消费者们的需求。

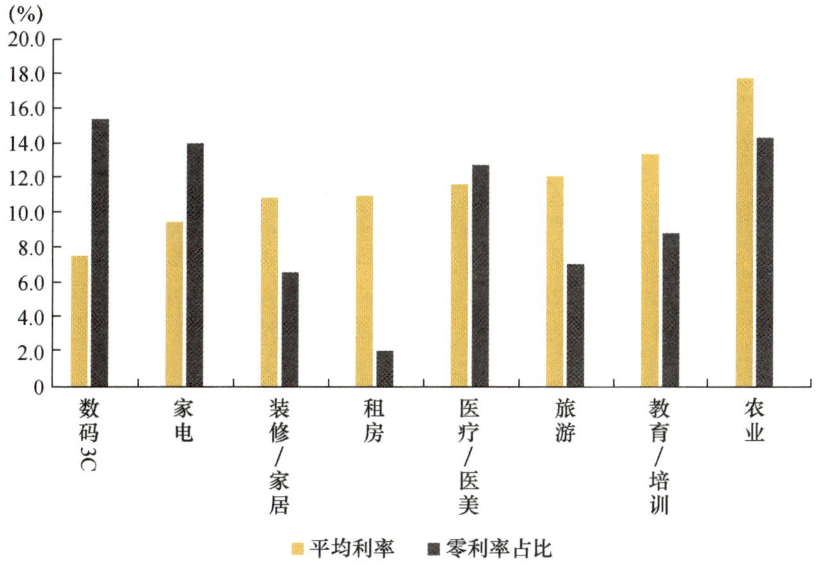

图7－13　各场景平均利率及零利率占比

农业场景平均利率较高，但零利率占比也大，利率水平较为波动，反映出此场景下的消费金融市场还处于培育期、发展不完善的现状。

4. 认证方式

由图7－14可知，用户在申请不同场景下的消费金融产品时，通过的认证方式相差不大。其中，实名身份认证、短信认证、照片认证基本在各个场景下都是必须通过的认证过程。在医疗/医美、装修/家居场景下，申请额度较大，需要第三方账号认证的占比较其他场景大。视频认证、实地认证等相对烦琐的方式在各场景下的占比都比较小，这也反映了如今在申请消费金融产品时普遍的认证方式是实名身份认证、短信认证等，这些方式在保证交易安全的基础上最大程度地简化了认证过程，提高了认证效率。

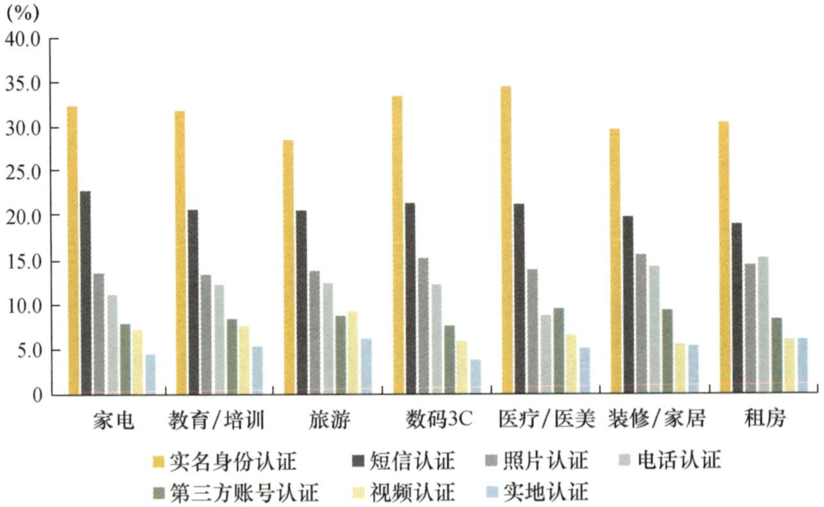

图 7－14　各场景采用的认证方式对比

5. 平台安全

如图 7－15、图 7－16 所示，用户中发生过信息泄露、安全性问题的比例分别为 22.4%、12.6%，其中家电、数码 3C、装修/家居场景下用户个人信息泄露的情况较多，用户隐私保护满意度较低（见图 7－17），而农业、医疗/医美、旅游场景下更容易发生诸如账号被盗等安全性问题，用户对其的安全性评价也较低（见图 7－18）。在一般的购物消费场景下，线上、线下商家在用户完成消费或是用户进行消费前就能获得其个人信息，导致之后用户会受到垃圾短信、邮件、电话等的骚扰。相对而言，在使用农业、医疗/医美、旅游场景下的消费金融过程中，消费金融公司对用户个人信息的保护措施较为完善，但是会发生更严重的安全性问题，这些场景下的消费者一般申请额度较大，更容易受到不法分子的关注，遭遇盗号、篡改密码等问题。各消费金融品牌应该针对不同场景实施措施，更有针对性地对平台进行隐私保护和安全维护，为消费者提供安全、放心的消费环境。

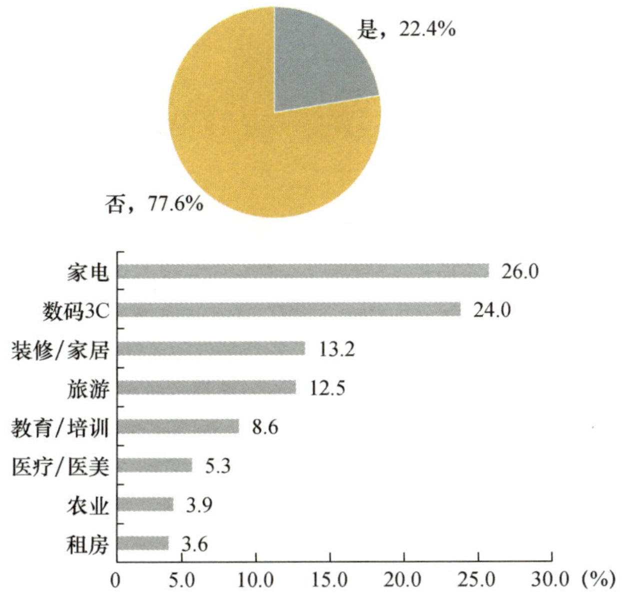

图7－15　用户中发生过信息泄露的总比例及场景比例

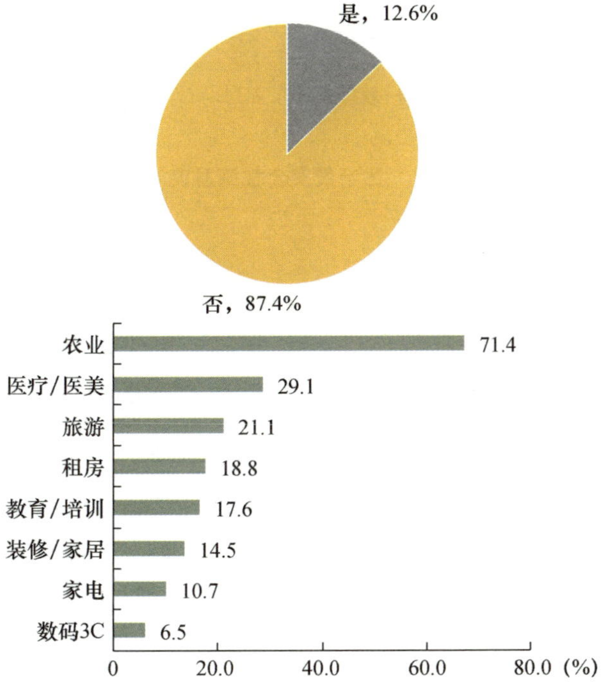

图7－16　用户中发生过安全性问题的总比例及场景比例

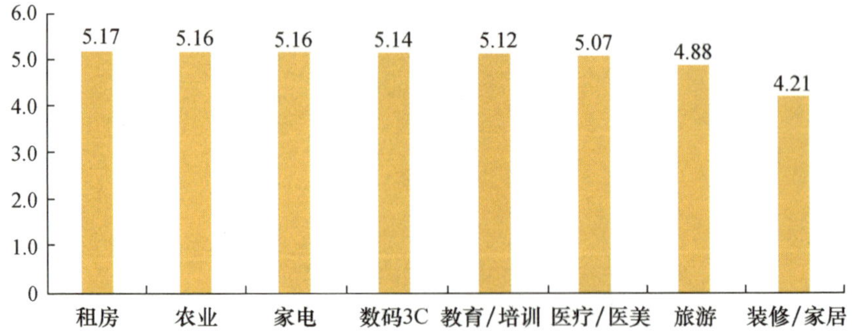

图7-17　各场景隐私保护满意度对比

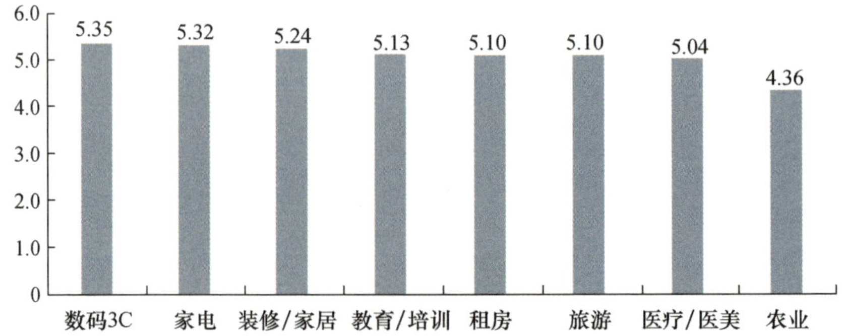

图7-18　各场景安全性满意度对比

6. 服务人员质量

如图7-19所示，消费者对装修/家居、教育/培训、家电、旅游场景下的消费金融品牌的服务人员质量评价较高，而对数码3C、医疗/医美、租房等场景下的服务人员质量感知较低，农业场景则是远低于行业平均水平。装修/家居、教育/培训、家电、旅游等消费金融场景下消费者申请贷款的额度一般较大，在选择消费金融产品时更需要平台服务人员给予专业的建议、指导，故服务人员良好的服务态度、优异的专业素养以及熟练的业务操作是这些场景下用户留存的必要条件，消费金融品牌也会在服务方面加强建设。与此同时，这些场景下消费者与服务人员接触的时间会更长，能对服务人员做出更加公正的评价。数码3C场景下的申请额度较小，购买目的也比较明确，消费者一般能够自主选择合适的消费金融产品，故这些场景下的品牌在服务人员方面的建设就不如之前的场景，但仍然不能够忽视。

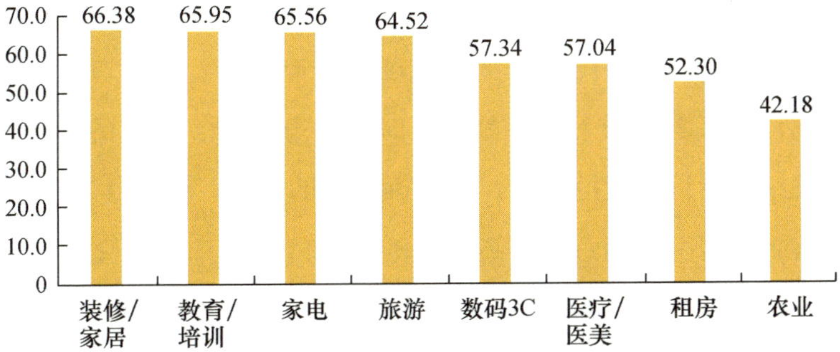

图 7－19　各场景服务人员质量对比

7. 投诉情况

如图 7－20 所示，家电、数码 3C 场景的投诉比例在所有场景中较高，消费者在这两个场景下使用消费金融品牌的种类较多，不同品牌的服务水平可能会导致较高的投诉比例，另外，这也反映出一般消费购物场景相比于其他场景会收到较多消费者的投诉。

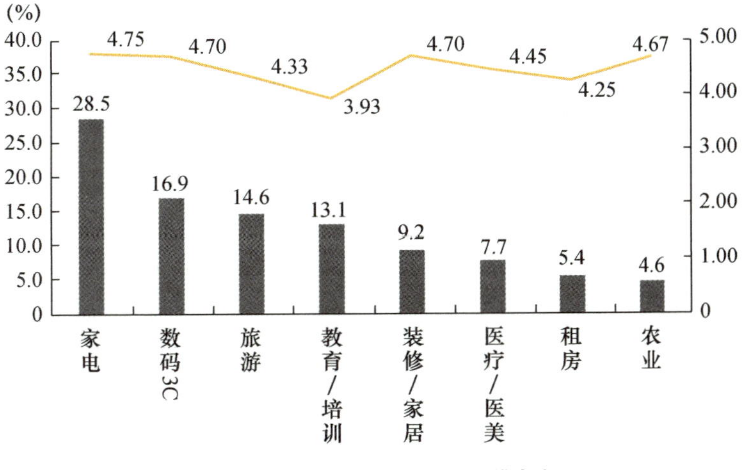

图 7－20　各场景投诉比例及投诉处理满意度

如图 7－21 所示，从消费者对各场景下消费金融品牌投诉处理的满意程度可看出，家电、数码 3C 场景投诉率虽然高于平均水平，但这些场景下的消费金融品牌在提升其投诉处理服务、维护其投诉渠道上做了努力，得到了消费者的认可，场景投诉处理满意度排名前列。

各场景在投诉受理的不同环节上满意度得分有差异，教育/培训场景在各个环节上得分都低；旅游场景下投诉处理及时性得分较高，其他的环节得分一般；租房场景应关注其投诉渠道的建设，其投诉渠道的数量、畅通性得分较低，相比之下，其投诉处理情况的满意度较高。

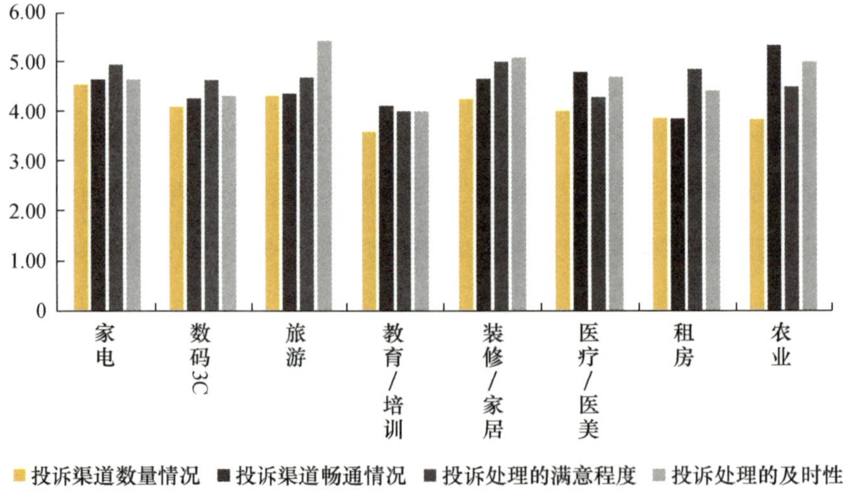

图 7－21　各场景具体投诉受理环节满意度

8. 品牌忠诚

如图 7－22～图 7－24 所示，消费者对数码 3C、家电、装修/家居场景下的品牌忠诚度更高，具体表现为这些场景下消费者对品牌的整体满意度较高，消费者重复购买的意愿较强烈，消费者向竞争品牌转移的意向较低。数码 3C、家电是如今热门的消费金融场景，发展迅速，这两个场景下的消费金融产品比较成熟，各品牌也为消费者提供着完善的服务，故它们的整体品牌满意度较高。在这两个场景下，消费者的消费行为频繁，在选择品牌时，消费金融产品的简单性、便捷性是他们的首选属性，并且也不会过多考虑其他因素，一旦选定品牌后重复购买的意愿也会较强。从对竞争品牌的态度来看，消费金融品牌在数码3C、家电场景下竞争十分激烈，消费金融产品层出不穷，以个人利益为导向的消费者在看到更加优惠的产品时，品牌转移的现象就会出现。相对而言，装修/家居属于低频消费场景且进入的消费金融品牌相对较少，行业壁垒高，导致整体忠诚度也较高。

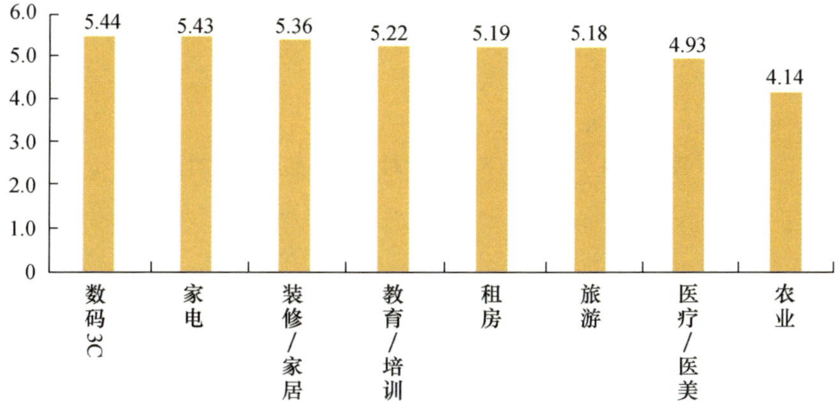

图7－22　各场景下品牌整体满意度对比

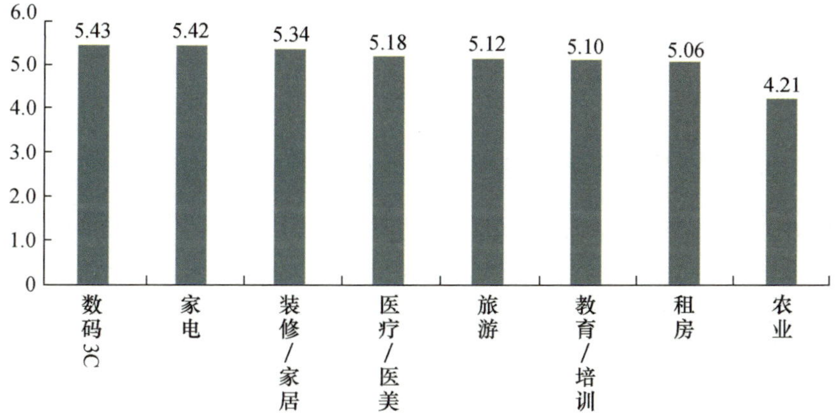

图7－23　各场景下消费者重复购买意愿对比

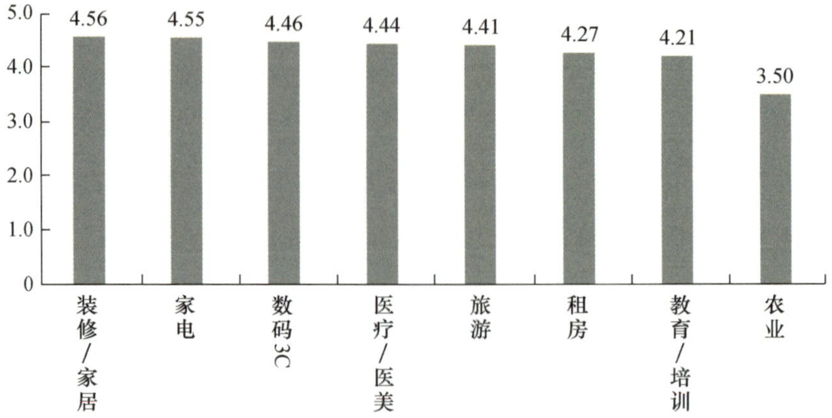

图7－24　各场景下消费者对于竞争品牌态度对比

三、本章小结

（一）消费金融场景概念普及，数码3C、家电场景是当下热门，场景使用有性别、年龄差异

本次研究的消费金融品牌共涉及八个主要场景，其中在数码3C场景下使用消费金融品牌的人数最多，占比35.6%，其次是占比25.9%的家电场景。而在使用率最高的数码3C、家电场景中，京东白条、蚂蚁花呗是消费者选择最多的消费金融品牌。男性中有43.6%消费金融使用场景为数码3C，女性群体在各场景下使用消费金融的人数分布较为均衡，除了数码3C场景外，其余场景的使用人数比例均多于男性。18～24岁的年轻群体，使用数码3C、旅游、医疗/医美、教育/培训等消费场景的人数占比都多于其他年龄段，反映出其为了提升个人的

生活品质、满足个人需求而借助于消费金融服务、敢于消费的特征。随着年龄的增长，消费结构趋于稳定，家电场景逐渐成为消费金融的主要场景。

（二）购物类场景发展较成熟，能给予用户完整的消费体验，各环节满意度波动小，场景综合口碑指数高

消费者对于购物性质的消费金融场景评价较高、服务体验较好。家电场景在所有场景中平均综合口碑指数得分最高，其次是教育/培训、数码3C场景。在消费者对品牌质量感知的所有环节中，场景平台安全的平均满意度得分最低，场景产品的平均满意度得分最高，具体地，各场景投诉受理情况的平均满意度得分最低，而对利率水平的平均满意度得分最高。其中，数码3C场景在整个环节的满意度得分波动较小，而旅游场景的满意度得分波动性较大，应给予关注。总体来说，各个场景在不同环节的满意度得分均有波动，应当加强对满意度得分较低环节的建设，给予消费者良好的体验流程感知。

（三）各场景由于消费金融产品性质不同，利率有差别，消费者对利率关注度不高

数码3C场景的利率最低，零利率占比最大，符合其场景下申请额度低、分期时间短的特点，相比之下，家电场景下平均申请额度较大、分期时间较长，故其利率水平会高一些，但总体来说，购物性质场景下的利率水平会低于其余场景，以满足大众的需求。农业场景平均利率较高，但零利率占比也大，利率水平较为波动，反映出此场景下的消费金融市场还处于培育期，发展尚不完善。但消费者对消费金融产品利率的关注度不高，各个场景下不清楚利率的人数占比均在20%以上，其中医疗/医美场景达到38.2%，租房、数码3C场景也都超过了30%。

（四）各场景下服务人员质量评价不一，消费者对装修/家居、教育/培训、旅游等大额场景的服务较满意

消费者对装修/家居、教育/培训、家电、旅游场景下的消费金融品牌的服务人员质量评价较高，而数码3C、医疗/医美、租房等场景下的服务人员质量满意度较低，农业场景则是远低于行业平均水平。装修/家居、教育/培训、家电、旅游等消费金融场景下消费者申请贷款的额度一般较大，在选择消费金融产品时更需要专业的建议、指导，故消费金融品牌会加强服务方面的建设，保持服务人员良好的态度、熟练的业务操作等，以保障顾客的留存。数码3C场景下的申请额度较小，购买目的也比较明确，消费者一般能够自主选择合适的消费金融产品，故这些场景下的品牌对服务人员方面的建设可能会有所忽视。

（五）购物类场景投诉现象较多，但其投诉处理情况令消费者满意

家电、数码3C场景发生投诉的比例较高，但这些场景的投诉受理满意度也较高，反映出一般的购物场景虽然投诉比例高于行业平均水平，但消费金融品牌关注其在提升投诉受理服务、维护投诉渠道上的建设。各场景在投诉受理的不同环节上满意度得分有差异，教育/培训场景在各个环节上得分都低；旅游场景下投诉处理及时性得分较高，其他的环节得分一般；租房场景应关注其投诉渠道的建设，消费者对其投诉渠道的数量、畅通性得分较低，相比之下，其投诉处理情况的满意度较高。

第八章　总结与展望

我国消费金融正处于高速发展阶段，参与主体逐渐增多，消费场景不断变化，银行系、消费金融公司、电商平台和网络借贷平台等格局初具雏形，行业智能化、场景化趋势明显。而在消费金融行业急速猛冲之时，消费金融公司发展状况优劣不一，行业仍现诸多问题，如行业过度授信、多头共债问题凸显，整体不良率远高于银行的不良水平。国家对金融的监管也将日益严格，无场景、无指定用途的金融需求将不被鼓励，自此消费金融坚持健康稳定且高质量的发展将尤为重要。此次研究从消费者视角出发，关注消费者对消费金融品牌的主观感知与态度，综合评价消费金融品牌的现状，消费者可基于品牌口碑指数来选择消费品牌，同时各消费金融平台也可根据指数评价结果改进自身服务流程，提升消费者体验，增强平台竞争力。

本研究对消费金融行业进行了深度调研，基于 2016 年确定的中国消费金融品牌口碑指数指标体系，对 30 家中国消费金融品牌进行总指标、各个分项指标、细化指标的排名分析，并结合 2016 年指数研究结果，纵向比较和分析了品牌口碑的变化，探究品牌成长过程。此外，本次研究引入不同维度的交叉分析，从消费者及消费场景的角度出发，考虑其与各细化指标的内在关联。研究中关注不同消费群体使用消费金融的基本情况、使用品牌的不同偏好、对品牌各环节的满意度，揭示不同消费群体的消费特点，剖析影响其消费感知与忠诚的主要因素。同时，紧跟“场景化”趋势深度挖掘行业规律，从各场景的使用情况、口碑得分及场景细化指标的表现，探究不同消费场景的优势。本研究清楚地呈现出中国消费金融行业的现状、发展动态及行业热点，也为品牌未来发展提供了相应建议。

一、研究成果

（一）解读消费金融品牌表现，获悉品牌发展态势

本研究成果显示，蚂蚁花呗、京东白条两电商品牌优势明显，苏宁消费金融、国美消费金融同样排名靠前，品牌发展势头很好，而佰仟、马上消费金融等品牌排名稍显落后，消费者口碑较差。在分项指标上，电商系平台依托其自身的电子商务平台，通过消费者在电商平台浏览商品、选购商品的过程，不断推广自身消费金融产品，在消费者中的认知度明显领先。2017 年新上榜的品牌，如 58 月付、桔子分期等，在消费者中认知水平较低，但却能带来较好的使用体验，这类品牌应更多地重视自身品牌的推广与传播，扩大消费者对品牌的认知程度。大多持牌的消费金融品牌的忠诚指数排名较好，如兴业消费金融等，正规军优势明显。细分指标表现上，消费者对品牌催收手段、期限选择、投诉受理情况等感知满意度整体较差，各品牌应围绕需求改善服务，为消费者提供更人性化的还款服务及更便捷的投诉受理渠道，促进品牌更好地发展。

（二）消费金融市场日新月异，品牌应重视全面发展，抵挡更新浪潮

相比 2016 年，蚂蚁花呗、京东白条依靠强大的电商背景，发展劲头十足，连续两年都位居中国消费金融品牌口碑指数排名前列，且指数得分与其他消费金融品牌有很大差距；持牌系消费金融中的苏宁消费金融、中银消费金融两年的综

合口碑指数排名变化不大，名次靠前，得分领先行业平均水平，表现稳中求进，可圈可点。

非持牌的拍拍贷相较2016年排名上升十分明显，敢于为年轻的新生代消费群体提供金融服务的理念、差异化的营销定位策略为其培育了优质的“高黏性”客群，2017年实现利润大涨，品牌认知度提高，客群忠诚度提高，消费者口碑指数表现突出。国美消费金融相较2016年排名上升较大，利用丰富的门店资源，加强线上线下融合，积极完善品牌自身产品，提高平台安全性，提供优质消费服务；消费者对品牌的整体的感知质量满意度、品牌忠诚有所提高，排名上升。

另外，2017年共新上榜了9个品牌，以58月付为代表的新上榜品牌在品牌质量建设方面显有成效，给予消费者良好的使用体验，收获较高的评价，但其认知水平不高，应加强品牌的宣传推广，吸引更多客户。令人遗憾的是，2017年也有少数品牌口碑综合指数得分不尽如人意，中邮消费金融公司相较2016年退步较大，而2016年在榜的北银消费金融2017年也没能继续进入榜单，这些品牌都是消费金融行业的开拓者，有一定的市场知名度、社会的认知度，公司在科技研发上都有建树，但消费者对于品牌整体质量感知的满意度不高，品牌的服务质量、平台安全维护等令消费者不太满意，投诉情况较多。如今，消费金融行业高速发展，市场日新月异，品牌建设应该关注到方方面面，既要注重企业利润，也应该重视经营与消费者的关系，以此实现长远的发展。

（三）定位消费金融用户品牌体验，挖掘品牌感知、忠诚的影响因素，助力品牌提供更优质的服务

通过对消费金融使用者的分析我们发现，消费金融使用人群趋于年轻化，且大多属于中等收入水平，主要集中在东部及沿海省份，城市居民更多。男性群体整体使用频率高于女性；25～49岁的群体使用消费金融的经验较为丰富，近80%的人使用消费金融超过一年，是消费金融使用者的主力军。不同人群使用品牌的偏好有一定差异。男性在选择消费金融时会更多考虑非持牌的消费金融品

牌，而女性则较为保守，偏向于使用持牌的捷信、中原等消费金融品牌，而女性消费者中出于家庭消费目的而使用消费金融的占比更高。此外，随着消费金融使用经验的增多，消费者对消费金融的认识和理解加深，使用消费金融的频率也会增加，蚂蚁花呗和京东白条两电商平台优势下降，消费者对消费金融品牌的选择更为丰富，也更有针对性。

在消费者的品牌体验上，我们区分不同细分群体充分地挖掘品牌在不同细化指标上的表现。其中，贷款易得性在各职业人群间满意度差距不大且偏低，对各品牌来讲属于亟待改善的环节；投诉受理情况整体波动最大，且在投诉受理各分项中，消费者对投诉渠道数量的满意度最差；各职业人群对服务人员质量的满意度评分偏高，且行政管理人员/公务员的品牌体验是最好的。另外，我们将品牌满意度关于各指标作回归分析，发现提高品牌运行安全、改善投诉处理、丰富期限选择、提高审批速度与授信比例能有效提高消费金融使用者对品牌感知质量的满意度，各品牌应加强对这些变量指标的关注，以最大程度地改善消费者的品牌体验。

对于消费者品牌忠诚，我们关注到不同消费金融使用经验的群体的具体表现。相对于使用频率较低的群体，消费金融使用频率较高的群体的产品敏感度较低，即当品牌的产品利率、授信额度、还款期限发生小幅变化，他们仍不会向竞争品牌转移，品牌忠诚度较高。而影响其品牌忠诚满意度的细分指标中，对使用经验较少的人来说，平台安全和隐私保护很重要，消费者对品牌缺乏信赖，对其隐私的保护有助于其长久地进行使用。而使用经验的提升会使消费者对授信比例等消费金融的具体产品和服务提出更高的要求，品牌需更注重对期限选择、授信比例和投诉服务的改进。

（四）结合不同场景特征寻找发展切入点，实现消费金融品牌建设突破

本研究共涉及八个主要消费场景，数码3C、家电、装修/家居场景下消费金融的使用率最高。在使用率最多的数码3C、家电场景中，京东白条、蚂蚁花呗

是消费者选择最多的消费金融品牌；由于苏宁消费金融、海尔消费金融庞大的家用电器背景，消费者也倾向于选择这两个品牌进行家电分期。

不同性别、年龄段的消费者都使用过这八个场景，反映了如今消费金融广泛普及的特点。但不同特征群体场景间的选择是有差异的：男性比女性更偏好于数码3C场景，年轻群体更敢于在提升个人生活品质上消费，他们在旅游、医疗/医美场景、教育/培训场景的使用率高于其他年龄段群体。随着年龄增长，家电场景、装修/家居场景的使用率增高，而数码3C场景的使用人数逐渐减少，消费结构逐渐趋于稳定。各品牌在场景布局时应结合年龄因素，针对不同年龄段人群，个性化地设计、营销产品。

在场景品牌质量感知的四个环节（流程、产品、服务、平台安全）中，所有场景平台安全的平均满意度得分最低，产品的平均满意度得分最高。具体地，平台安全环节各场景投诉受理情况的平均满意度得分最低，产品环节利率水平的平均满意度得分最高。八个场景中，数码3C场景在四个环节的满意度得分波动较小，说明该场景在每个环节的建设都相对完善，注重使用者完整的消费体验；而旅游场景的满意度得分波动性较大。总体来说，各个场景在不同环节的满意度得分均有不同程度的波动，消费金融品牌应当加强场景质量感知低满意度环节的建设，保证使用者完整的消费体验。

在对比各场景的平均综合口碑指数时，购物类场景如家电、数码3C场景得分较高，这得益于它们的高授信比例、低利率、便捷的认证流程、令消费者满意的投诉处理情况，并且这些场景下消费者对品牌更加忠诚，向他人推荐、重复购买的意愿高，向竞争品牌转移的倾向低。医疗/医美、农业等场景起步晚，发展相对典型购物类场景来说较不完善，出现了利率分布极端、认证流程烦琐、平台安全性差等问题，应引起品牌的重视。品牌在进行场景战略布局时，对于数码3C、家电、家居/装修这样成熟、热门的场景，在保证优质的服务之外，需要找到自身区别于其他竞争品牌的优势，加大创新力度；对于农业、医疗/医美等新兴的场景，品牌应专注于消费金融产品的完善、服务流程的优化、平台安全维护等基础建设。

二、决策建议

（一）监管：严格管制现金贷等各种违法行为，担当征信数据共享平台搭建过程中的标尺

在消费金融行业激烈的竞争背景下，企业过度授信、多头共债的问题凸显，大量过度负债人群出现，导致行业整体不良贷款率增加，严重影响金融行业稳定。监管部门应加强监控，对违反规定、肆意授信的企业严惩不贷，同时加大网络舆情监控力度，时刻关注企业的动态；监管部门应担当征信共享的监管者，帮助企业搭建数据共享平台，完善个人征信体系，提高风控效率，解决多头借贷带来的坏账风险，维护市场的和谐。同时，对“现金贷”问题更要严加监管，拒绝无消费场景依托的任何消费行为，打击开展现金贷业务的企业，维护合规企业进行消费场景的发展和创新。对暴力催收、高利贷、信息乱用等市场乱象进行管制，保障消费者权益。最后，目前很多消费者，尤其对消费金融尚不熟悉的初次使用者，非常看重消费金融平台的安全性和个人隐私的保护，监管部门也应在这方面采取一定的措施，规范消费金融企业对消费者信息和隐私的保护，使该行业得以健康发展。

（二）企业：不同消费金融企业应找准自身定位，在加强品牌建设的基础上，通力协作，维护行业稳定发展

如今，消费金融行业高速发展，不同企业应在迅猛的浪潮中找到自身区别于其他品牌的优势所在，寻找最合适的发展建设之路。对于新上榜品牌而言，其在品牌质量感知上的建设值得鼓励，不仅令消费者满意，也为品牌赢得了不少忠实

的顾客群，品牌在加强基础建设的同时应关注品牌的知名度，增加宣传和推广的力度，改善认知低的现状，为品牌获取更多优质的顾客；对于稳扎稳打的企业，在维持品牌优势的同时应该时刻关注行业热点，把握市场变化，从自身的角度出发，找到品牌建设中的薄弱环节，逐个解决，弥补短板，以提高品牌的核心竞争力；对于排名较为靠后的企业，应着力解决消费者对于品牌整体质量感知的满意度不高、投诉情况频繁等问题。既要注重企业利润，也应该重视经营与消费者的关系，为企业注入新活力，以此实现长远的发展。各消费金融品牌在加强自身建设的同时，应共同优化消费者服务体验，提升品牌口碑，使行业持续、稳定发展。

（三）消费者：规范消费金融使用流程，辨析各平台的优劣，做出正确的选择

消费者对消费金融平台的评价反映品牌价值的真实来源，会直接影响消费金融品牌的定位。而不同的细分人群的品牌体验有所差异；使用品牌的人群中衍生出的五类客群也有着各自的特点，如投诉热衷人群信息泄露比例高、授信比例低、逾期率高、产品满意度低。在各品牌根据用户逾期和忠诚度等情况为其提供更优质服务的同时，消费者自身也需要规范产品使用，更多地了解产品利率、贷款期限等，结合自身收入和使用需求，选择合适的消费金融产品，从而降低逾期率，提升用户体验和品牌忠诚，营造良性的消费环境。

此外，在选择消费金融品牌时，不一定必须选择一些特别强势的电商系消费者金融品牌，还有一些品牌虽然知名度相对较低，但是使用的顾客对其感知质量和忠诚度均较高。不同特征的消费者，应根据自身需求，理性地选择消费金融品牌。

三、消费金融行业未来展望

（一）现金贷新政规范行业发展，消费金融场景将成为“新常态”

央行和银监会联合发布的《关于规范“现金贷款业务整改”的通知》、互联网金融风险专项整治工作领导小组办公室下发的《关于立即暂停批设网络小额贷款公司的通知》都要求对“现金贷款”业务进行监管和治理，叫停新批小额贷款网络公司，暂停没有具体场景依托支付、无指定用途的网络现金贷款的金融公司，禁止金融机构的“助贷”模式等。未来，在更加严格的金融监管下，暴力催收、高利贷、信息乱用等市场乱象将被列入到黑名单中，消费者权益得到保障，合规金融机构将依托产业实体，实现金融服务“脱虚向实”，场景是消费动作发生的地方，是消费金融长远前景的本源，大力开展消费金融服务创新，丰富品牌消费金融场景是趋势，消费金融行业将会呈现另一番欣欣向荣的景象。

（二）数据驱动作用再加强，风险控制手段获突破

消费金融市场主体不断扩充，借款人的信用风险将是各类消费金融机构面临的主要风险。发展消费金融的本质是回归普惠，而普惠金融实践的本质是对风控能力的把握，数据智能已经成为科技与商业最好的连接桥梁，同时也成为新时代最重要的革新力量。由此，发展数据共享至关重要，消费金融在个人市场中的份额相对大，而个人征信体系却不完善，征信合作也还有待加强。未来，要找到数据产权和数据共享间的平衡点，打通各平台连接渠道，充分利用海量的信用信息、行为信息、社交信息等数据，提炼用户特征，与数字技术紧密结合，建立信用风险评估模型，探索出一条风险控制的新途径，共同解决多头借贷带来的坏账

风险，维护金融市场的稳定。

（三）金融科技持续发力，为消费金融增添新动力

随着互联网金融的发展，金融科技成为差异化竞争的关键，消费金融以科技来驱动的特征越发明显，金融科技带动风控升级、效率提高、降低信息不对称的作用显著。人工智能、云计算等新科技的应用越来越普遍，依靠金融科技能主动收集、分析、整理各类金融数据，进行深度信息交叉比对评估判断客户的真实身份、真实意愿、真实借贷能力，为细分人群提供更为精准的营销服务。消费金融机构自身也应在风控、管理等各环节对科技加以应用，运用先进的智能风控技术，建设精细的智能客服系统，对风险和服务质量进行智能监控。抓住金融科技革新的新机遇，为消费者提供便捷、优化的消费信贷服务。

（四）注重经营消费者口碑，为消费金融提供建设新视角

消费金融高速发展，行业洗牌大势所趋，在如此激烈的竞争环境中，寻求发展的突破点是各消费金融品牌当下的攻坚任务。许多消费金融品牌有较高的知名度，在市场上也有广泛的认知，并且公司积极进行自主研发、大力发展科技创新，极具竞争力，但是换一个角度，品牌的服务人员质量、平台安全建设、投诉受理等情况却不尽如人意，消费者满意度较低。企业的价值不仅仅来源于庞大的无形资产、丰厚的销售收入和高市场占有率，消费者的主观态度更能准确地体现品牌在消费者群体中的地位和口碑。品牌应当重视培养和维护与消费者间的长期友好关系，为其提供更优质的消费服务、更完整的消费体验，以消费者口碑作为驱动力消费，为品牌的发展注入新动力，实现消费金融以“消费者”为中心的真实价值。

参考文献

［1］陈岩，史建平．消费信贷与消费者行为研究述评：基于多学科视角［J］．探索，2013（1）：91－97．

［2］范秀成．品牌权益及其测评体系分析［J］．南开管理评论，2000，3（1）：9－15．

［3］巩师恩，范从来．收入不平等、信贷供给与消费波动［J］．经济研究，2012，47（s1）：4－14．

［4］郝项超．消费金融、资本收益与内生的经济增长［J］．首届中国消费金融研讨会，2010．

［5］剧锦文，柳肖雪．中国消费者消费信贷选择的实证研究［J］．经济与管理研究，2017，38（9）：54－63．

［6］李广子，王健．消费信贷如何影响消费行为？——来自信用卡信用额度调整的证据［J］．国际金融研究，2017，366（10）：54－55．

［7］李燕桥，臧旭恒．消费信贷影响我国城镇居民消费行为的作用渠道及检验——基于2004～2009年省际面板数据的经验分析［J］．经济学动态，2013（1）：20－31．

［8］欧阳洁．基于顾客品牌权益价值的三维度概念模型基本评价框架［J］．商业研究，2003（12）：10－12．

［9］平新乔，杨慕云．消费信贷违约影响因素的实证研究［J］．财贸经济，2009（7）：32－38．

［10］王海忠．中国消费者品牌知识结构图及其营销管理内涵［J］．财经问题研究，2006（12）：59－66.

［11］王江，廖理，张金宝．消费金融研究综述［J］．经济研究，2010（s1）：5－29.

［12］王丽丽．消费者循环信用和小额分期付款使用行为研究［D］．上海交通大学，2010.

［13］徐兴龙．基于顾客的麦当劳和肯德基的品牌价值的比较研究［D］．清华大学，2004.

［14］臧旭恒，李燕桥．消费信贷、流动性约束与中国城镇居民消费行为——基于2004～2009年省际面板数据的经验分析［J］．经济学动态，2012（2）：61－66.

［15］徐新扩，尹志超．消费贷款对家庭消费的异质性影响——基于我国城市家庭消费金融调查数据的实证研究［J］．西南民族大学学报（人文社科版），2017（04）：120－126.

［16］易宪容，黄瑜琴，李薇．消费信贷、信用约束与经济增长［J］．经济学动态，2004（4）：36－40.

［17］中国电子商务研究中心．金融研究：消费金融大数据风控的“独家秘笈”［EB/OL］. http：//b2b. toocle. com/detail－－6346244. html，2016－07－20/2018－02－04.

［18］Alan，S. and G. Loranth. Subprime Consumer Credit Demand：Evidence from a Lender's Pricing Experiment［J］. Review of Financial Studies，2013，26（9）：2353－2374.

［19］Amar，M. and D. Ariely，et al. Winning the Battle but Losing the War：The Psychology of Debt Management［J］. Journal of Marketing Research，2011（48）：S38－S50.

［20］Baumeister，Roy F. Yielding to Temptation：Self－control Failure，Impulsive

Purchasing and Consumer Behavior [J]. Journal of Consumer Researcher, 2002, 28 (4): 670 -676.

[21] Benartzi Shlomo and Richard H. Thaler. Naive Diversification Strategies in Retirement Saving Plans [J]. American Economic Review , 2001 (91): 79 -98.

[22] Bertola G. , Disney, R. and Grant, C. The Economics of Consumer Credit [M]. MIT Press, 2006.

[23] Bolton, L. E. and P. N. Bloom, et al. Using Loan Plus Lender Literacy Information to Combat One - Sided Marketing of Debt Consolidation Loans [J]. Journal of Marketing Research, 2011 (48): S51 - S59.

[24] Brito, D. L. and Hartley, P. R. Consumer Rationality and Credit Card [J]. Journal of Political Economy, 1995 (103): 400 -433.

[25] Brown, M. and J. Grigsby, et al. Financial Education and the Debt Behavior of the Young [J]. Review of Financial Studies, 2016, 29 (9): 2490 -2522.

[26] B. Douglas Bernheim, Daniel M. Garrett, Dean M. Maki. Education and Saving [J]. Journal of Public Economics , 2001, 80 (3) .

[27] Canner, G. B. , Gabriel, S. A. and Woolley, J. M. Race. Default Risk and Mortgage Lending: A Study of the FHA and Conventional Loan Markets [J]. Southern Economic Journal, 1991, 58 (1): 249 -262.

[28] Celia Ray Hayhoe, Lauren Leach, Pamela R. Turner. Discriminating the Number of Credit Cards Held by College Students Using Credit and Money Attitudes [J]. Journal of Economic Psychology , 1999, 20 (6) .

[29] Charkravorti, S. and Emmons, W. Who Pays for Credit Card? [J]. Journal of Consumer Affairs, 2003 (37): 208 -230.

[30] Cheema, A. and D. Soman. Malleable Mental Accounting: The Effect of Flexibility on the Justification of Attractive Spending and Consumption Decisions [J]. Journal of Consumer Psychology, 2006, 16 (1): 33 -44.

[31] Chien, Yi Wen and S. A. Devaney. The Effects of Credit Attitude and Socio-economic Factors on Credit Card and Installment Debt [J]. Journal of Consumer Affairs, 2001, 35 (1): 162 – 179.

[32] Coval, Joshua D. and Tobias J. Moskowitz. Home Bias at Home: Local Equity Preference in Domestic Portfolios [J]. Journal of Finance, 1999 (54): 2045 – 2074.

[33] Cross, D. B. and Souleles, N. S. Do Liquidity Constraints and Interest Rates Matter for Consumer Behavior? Evidence from Credit Card Date [J]. *Quarterly Journal of Economics*, 2002a (117): 149 – 185.

[34] Disatnik, D. and Y. Steinhart. Need for Cognitive Closure, Risk Aversion, Uncertainty Changes, and Their Effects on Investment Decisions [J]. Journal of Marketing Research, 2015, 52 (3): 349 – 359.

[35] Elliehausen, G. Implications of Behavioral Research for the Use and Regulation of Consumer Credit Products [R]. Staff Working Papers in the Finance and Economics Discussion Series (FEDS), 2010.

[36] Emma Davies, Stephen E. G. Lea. Student Attitudes to Student Debt [J]. Journal of Economic Psychology , 2004, 16 (4) .

[37] Fay, S. , Hurst, E. and White, M. J. The Household Bankruptcy Decision [J]. American Economic Review , 2002 (92): 706 – 718.

[38] Georgarakos, D. and M. Haliassos, et al. Household Debt and Social Interactions [J]. Review of Financial Studies, 2014, 27 (5): 1404 – 1433.

[39] Hirshleifer J. On the Optimum Investment Decision [J]. Journal of Political Eeonomy, 1958 (1): 329 – 352.

[40] Hirst, D. Eric, E. J. Joyce and M. S. Schadewald. Mental Accounting and Outcome Contiguity in Consumer – Borrowing Decisions [J]. Organizational Behavior and Human Decision Processes, 1994, 58 (1): 136 – 152.

[41] Jackson, J. R. and Kaserman, D. L. Default Risk on Home Mortgage

Loans: A Test of Competing Hypotheses [J]. Journal of Risk and Insurance, 1980, 47 (4): 678 -690.

[42] Juster F. T. and Shay R. P. Consumer Sensibility to Finance Rates: An Empirical and Analytical Investigation [M]. New York: Columbia University Press, 1964: 82 -96.

[43] Kent T. Yamauchi, Donald J. Templer. The Development of a Money Attitude Scale [J]. Journal of Personality Assessment , 1982, 46 (5) .

[44] Lai, C. and J. J. Xiao. Consumer Biases and Competences in Company Stock Holding [J]. Journal of Consumer Affair, 2010, 44 (1): 179 -212.

[45] Lea, E. G. S, Webley, P. and Walker, M. C. Psychological Factors in Consumer Debt: Money Management, Economic Socialization, and Credit Use [J]. Journal of Economic Psychology, 1995, 16 (4): 681 -701.

[46] Livingstone S. M. , Lunt P. K. Predicting Personal Debt and Debt Repayment: Psychological, Social and Economic Determinants [J]. Journal of Economic Psychology, 1992, 13 (1): 111 -134.

[47] Ludvigson S. Consumption and Credit. A Model of Time - Varying Liquidity Constraints [J]. The Review of Economics and Statistics, 1999 (3): 434 -447.

[48] Lusardi, Annamaria and Peter Tufano. Debt Literacy, Financial Experiences, and Over Indebtedness [R]. NBER Working Paper, 2009: 14808.

[49] Mandel, N. Shifting Selves and Decision Making: The Effects of Self - Construal Priming on Consumer Risk - Taking [J]. Journal of Consumer Research, 2003, 30 (1): 30 -40.

[50] Medina, J. F. and C. T. Chau . Credit card Usage Behavior between Angles and Hispanics [J]. Hispanic Journal of Behavioral Sciences, 1998, 20 (4): 429 -447.

[51] Morton T. G. A Discriminant Function Analysis of Residential Mortgage Delinquency and Foreclosure [J]. Real Estate Economics, 1975, 3 (1): 73 -88.

[52] Navarro - Martinez, D. and L. C. Salisbury, et al. Minimum Required

Payment and Supplemental Information Disclosure Effects on Consumer Debt Repayment Decisions [J]. Journal of Marketing Research (JMR), 2011 (48): S60 – S77.

[53] Neave, E. H. Multi – period Consumption – Investment Decision and Risk Preference [J]. Journal of Economic Theory , 1971 (3): 40 – 53.

[54] Norvilitis, M. J. , Merwin, M. M. , Roehling, V. P. , Young, P. and Kamas, M. M. Personality Factors, Money Attitudes, Financial Knowledge, and Credit – card Debt in College Students [J]. Journal of Applied Social Psychology, 2006, 36 (6): 1395 – 1413.

[55] Petersen, J. A. and T. Kushwaha, et al. Marketing Communication Strategies and Consumer Financial Decision Making: The Role of National Culture [J]. Journal of Marketing, 2015, 79 (1): 44 – 63.

[56] Polkovnichenko, V. Household Portfolio Diversification: A Case for Rank – Dependent Preferences [J]. Review of Financial Studies , 2005 (18): 1467 – 1502.

[57] Ponce, A. and E. Seira, et al. Borrowing on the Wrong Credit Card? Evidence from Mexico [J]. American Economic Review, 2017, 107 (4): 1335 – 1361.

[58] Ranyard, R. and L. Hinkley, et al. The Role of Mental Accounting in Consumer Credit Decision Processes [J]. Journal of Economic Psychology , 2006, 27 (4): 571 – 588.

[59] Shui, Haiyan and Lawrence M. Ausubel. Time Inconsistency in the Credit Card Market [J]. Social Science Electronic Publishing, 2005 (1): 176.

[60] Sidime, A. Credit Use Strangles Wealth: African American Debt is Increasing Faster than Income [J]. Black Enterprise, 2004, 35 (4): 38.

[61] Soman, D. and A. Cheema. The Effect of Credit on Spending Decisions: The Role of the Credit Limit and Credibility [J]. Marketing Science, 2002, 21 (1): 32 – 53.

[62] Stango, Victor and Jonathan Zinman. Pecuniary Costs of Bounded Rationality: Evidence from Credit Card Debt Allocation [J]. Unpublished Manuscript, 2015.

[63] Stewart, Neil. The Cost of Anchoring on Credit – Card Minimum Repayments [J]. Psychological Science, 2009, 20 (1): 39 –41.

[64] Strayhorn, Joheph M., Jr. Self – control: Theory and Research [J]. Journal of American Academy of Child and Adolescent Psychiatry, 2002, 41 (1): 7 –16.

[65] Tokunaga, H. The Use and Abuse of Consumer Credit: Application of Psychological Theory and Research [J]. Journal of Economic Psychology, 1993 (14): 285 –316.

[66] Urminsky, O. and R. Kivetz. Scope Insensitivity and the "Mere Token" Effect [J]. Journal of Marketing Research, 2011, 48 (2): 282 –295.

[67] Wilcox, K. and L. G. Block, et al. Leave Home without It ? The Effects of Credit Card Debt and Available Credit on Spending [J]. Journal of Marketing Research, 2011 (48): S78 – S90.

[68] Xiao, J. J., Noring, F. E. and Anderson, J. G. College Students' Attitudes towards Credit Cards [J]. Journal of Consumer Studies and Home Economics, 1995 (19): 155 –174.

[69] Yang B., James S., Lester D. Reliability and Validity of a Short Credit Card Attitude Scale in British and American Subjects [J]. International Journal of Consumer Studies, 2005, 29 (1): 41 –46.

[70] Zhu, Lillian Y. and C. B. Meeks. Effects of Low Income Families' Ability and Willingness to Use Consumer Credit on Subsequent Outstanding Credit Balances [J]. Journal of Consumer Affairs, 1994, 28 (2): 403 –422.

[71] Zhu, R. J. and U. M. Dholakia, et al. Does Online Community Participation Foster Risky Financial Behavior? [J]. Journal of Marketing Research, 2012, 49 (3): 394 –407.

[72] Zinman, J. Debit or Credit? [J]. Journal of Banking and Finance, 2009 (33): 358 –366.